LES
ELEMENS
DE LA
POLITIQVE
DE MONSIEVR HOBBES.

*DE LA TRADVCTION
du sieur DV VERDVS.*

A PARIS,

Chez HENRY LE GRAS, au troisiesme pillier de la grande
Salle du Palais, à L. Couronnée.

M. DC. LX.

AVEC PRIVILEGE DV ROY.

AV ROY.

1. Quelque chose de ce Liure, & de l'interêt du Roy de faire enseigner à ses peuples la vraye & bonne Politique. 11. L'exemple de Dieu à suiure en cela. 111. Du Royaume de Dieu par pacte. 1v. Que ses quatre Grands Commandemens sont Loix fondamentales d'Etat. v. Explication du premier. v1. Du second. v11. Du troisiéme. v111. Et du quatriéme. 1x. Ces quatre grands Commandemens abregez en autres termes. x. Changemens arriués dans le Royaume de Dieu faute d'Education. x1. Du Droict de Roy. x11. Que les Rois pour s'être faits Chrétiens n'ont rien perdu de leur Droit. x111. Que sur les Maximes de ce Liure on gardera le premier Grand Commandement. x1v. Le second. xv. Le troisiéme. xv1. Et le quatriéme. xv11. xv111. Eloge du Roy, & Conclusion.

IRE,

1. *A voir le volume de ce Liure que ie présente & dedie à VOSTRE MAIESTE', on pourroit dire que c'est peu de chose, sur tout à n'y considerer que ce qu'il y a du mien, quand ie n'ay fait que le traduire; & que mesmes ce n'est icy qu'vne partie de ma verssion. Mais i'oseray assurer, SIRE,*

Quelque chose de ce Liure & de l'interêt du Roy de faire enseigner à ses peuples la vraye & bonne Politique.

á ij

EPISTRE

que quand il plaira à DIEU de donner à VOTRE MAIESTÉ une longue suitte d'années, d'un Regne aussi heureus dans la Paix qu'il a été glorieus durant la Guerre; Et que vos Sujets instruits dans les belles Lettres & les bonnes mœurs, offriront à VOSTRE MAIESTÉ, à l'enuy les vns des autres, ce qu'ils trouuerront de plus grand & de plus beau dans les Sçiençes : Ils ne luy offriront jamais rien de plus grand, & de plus beau que ce Liure; rien de plus vtile, & je diray nécessaire; rien de si digne d'vn Grand Roy. L'Auteur de ce Liure, SIRE, l'a apellé Elemens, & c'est à sçauoir de Politique, ou Science Ciuile : auec raison certes, & de mesmes qu'aux Mathematiques on nomme Elemens les Liures d'Euclide. Euclide, & Monsieur Hobbes ont veu les choses à fond ; ils les ont conuës par leurs principes & Elemens ; ils en ont découuert la source : Et comme on ne sçauroit rien démontrer que sur les Elemens d'Euclide aux sçiences Mathematiques, qui sont à vray dire les seules qui rendent sçauant : Puisque Dieu a fait toutes choses en poids, en nombre, en mesure; & qu'ainsi les Loix de la Nature étant les mesmes que celles des Mecaniques, on ne peut étre Philosophe qu'on ne sache compter & calculer en toutes choses les raisons & proportions des Grandeurs, des figures & des mouuemens : aussi on ne peut démontrer que sur les Elemens de Mon-

AV ROY.

sieur Hobbes, les veritez qui rendent Sage; ie veux dire les deuoirs & offices des hommes dans la vie Ciuile; Et leur obligation de viure en paix entr'eux selon les Loix, & d'obeïr en toutes choses à leur Roy. Pleût à Dieu SIRE, qu'on eût enseigné dés long-temps à vos Sujets ces deux Liures d'Elemens: Et quand cela n'a pas été, Dieu veuille que ce soit bien-tôt: c'est le vray moyen qu'ils raisonent juste, & qu'ils sachent leur deuoir: & ainsi c'est le vray moyen qu'ils soient gens-de-bien, & fidelles. Les actions de l'homme, SIRE, vienent de la volonté: mais il veut ou ne veut pas selon qu'il iuge ce qu'il veut bon ou mauuais; & n'aprend à bien juger qu'apres bonne éducation, ou à ses dépens. Mais il est facheux de l'apprendre à ses dépens: & sur tout c'est vn grand malheur qu'on l'apréne de la sorte, où il s'agit de son deuoir, & d'obeïr à son Roy: il faut donc l'Education. La Guerre la plus cruëlle à faire à son ennemy est de luy souleuer ses peuples; mais comment les luy souleuer si plûtôt on ne les dispose à sedition? & comment les y disposer qu'en leur troublant la raison? ainsi le coup seur pour cela est de faire couler dans l'Etat de son ennemy des Professeurs de Sciences & meurs, auec cet ordre secret, & cette Cabale entre eux, Qu'au lieu d'y enseigner les choses, ils y enseignent seulement des termes barbares, qui ne signifient rien, à ne faire que

EPISTRE

chicaner, & donner distinctions sans idée qui y réponde : quand cela ne rend pas tétû seulement & obstiné (qui est le vice des Pédans,) mais mesmes Séditieux, par habitude de mal raisonner. Et par la raison des contraires : si le Prince veut ses Sujets obeïssans & fideles, il jugera nécessaire, qu'ils aprenent de ieunesse à bien raisoner ; Et sur tout qu'ils aprenent les vrais Principes & Elemens de la Science Ciuile.

L'exemple de Dieu à suiure en cela.

II. Diray-ie à VOSTRE MAIESTE', que DIEV luy-mesme quand il luy pleut d'estre Roy, prit soin d'éleuer ses Sujets dans l'honneur & le respect qu'il vouloit qui luy fût rendu ? La chose est importante. SIRE, & ie diray la plus importante dont on puisse écrire pour le bien de vos Etats, & le seruice de VOSTRE MAIESTE : Et c'est pourquoy ie la Suplie tres-humblement, de trouuer bon que passant les bornes d'vne Epistre dédicatoire, i'expose vn peu plus au long Quel fut le Royaume de Dieu, & quels ses Commandemens ; Que sur ces grandes veritez, i'establisse vôtre droit de Roy ; Et que ie tire de là, Qu'il importe sur toutes choses qu'on l'explique bien à vos Peuples.

Du Royaume de Dieu par Pacte.

III. SIRE, DIEV parlant à Moyse (ainsi qu'il est raporté au Chapitre dix-neuuiéme de l'Exode) luy commanda de proposer de sa part à la Nation des Hebreus, que s'ils vouloient il seroit leur Roy ;

non seulement comme il l'estoit du reste du Monde, par son droit éternel du Tout-puissant, qui a crée de rien le Ciel & la Terre, & conserue toutes choses : mais en vne façon toute particuliere ; par pacte; de leur bon gré, & de leur consentement : qui prendroit le Grand-Prestre pour son Vice-Roy sur eux ; luy déclareroit ses volontez ; & regiroit son peuple par sa parole. De vray voicy ses propres termes. Voicy ce que tu diras à la Maison de Iacob, & aux Enfans d'Israël. Vous auez veu de vos yeux ce que i'ay fait aux Egyptiens ; & comment ie vous ay portés sur les ailes de mes Aigles, & vous ay pris à moy : Si donc vous écoutez ma voix, & que vous gardiés mon Pacte, vous serez mon peuple particulier d'entre tous les peuples : (car toute la Terre est à moy :) Et vous serez mon Royaume Sacerdotal, & ma Nation Sainte. C'est là ce que tu diras aux Enfans d'Israël. *Ces gens donc ainsi assamblés y ayant donné leur consentement exprés*, Qui virent la montagne fumante, & oüyrent le son des trompettes : *Comme ils eurent accepté le party, & donné parole en ces termes*, Nous ferons tout ce qu'a dit le Seigneur : *Dieu commança (pour ainsi dire) à estre leur Roy par Pacte. Et que ie preuue ce que i'ay dit, Que Dieu y fit le* Grand-Prestre *son* Vice-Roy : quand ce ne fut pas Aaron, (le Grand-Prestre,)

EPISTRE

mais Moyse, qui regit ce peuple de la part & au nom de Dieu : c'est qu'il y auoit cette raison particuliere pour Moyse, Que tous fondateurs d'Etat gouuernent leur vie durant; & cela pour voir leurs Loix en vigueur, & la forme du gouuernement bien établie. En effet à cela prés, quand Dieu commande à Moyse au Chapitre vint-setiéme des Nombres, de créer Iosué Generalissime de ses troupes, & luy faire part de sa gloire, Dieu dit ces termes exprés: S'il y a quelque chose à faire, Eleazar (le grand Prestre) prendra conseil du Seigneur & luy (Iosué) entrera, & sortira sur son ordre; & tout Israël auec luy : Où l'on void qu'Eleazar demande à Dieu ses volontés, & les fait sçauoir à Iosué : (Ce qui est luy commander de la part, & au nom de Dieu:) Et que Iosué entre & sort; ce qui est executer & obeïr; & qu'ainsi c'est le Grand-Prestre que Dieu a pour Vice-Roy.

Que ces quatre grāds Commandemens sont Loix fondamentales d'Etat.

IV. Cette forme de gouuernement ainsi établie, DIEV donne à haute voix ses Loix à son peuple, & les graue en suitte luy-mesme en deux Tables de Pierre ; La premiere, de Quatre Commandemens qui prescrit ce qu'ils luy rendront; l'autre de six, qui déclare ce qu'ils garderont entre eux. Et pour ne rien dire de la seconde qui n'est pas de mon sujet, & qui d'ailleurs se reduit à ce seul precepte, De ne pas faire à autruy ce que nous ne voudrions

pas

AV ROY.

pas qu'on nous fît : *les quatre Grands Commandemens ne regardent pas seulement le Culte Diuin deu à Dieu entant que Dieu : mais sont préceptes Politiques, de ce que Dieu veut qu'ils luy rendent comme à leur Roy par pacte, qui gouuerne leur Temporel.*

v. De vray le premier Commandement, *Tu n'auras point de Dieux Etrangers,* (qu'on a mal traduit *d'autres Dieux, quand il y a Estrangers*) si nous le rapportons au Culte Diuin, deffend d'y introduire non-seulement la plurarité de Dieux que tenoient les autres Peuples, mais mesmes leurs Cérémonies. Et qu'on le prène comme vne Loy Politique : quand les Rois sont apelez Dieux ; i'ay dit *vous étes des Dieux vous tous qui iugez la Terre*; & que juger *en ce lieu veut dire* juger Souuerainement, *en vertu de la puissance & Autorité Souueraine, ce qui n'apartient qu'aux Rois :* Ce mesme precepte Tu n'auras point de Dieux Etrangers deuant ma face, *veut dire* Tu ne me diras point en face que l'Etranger soit mieux gouuerné que toy : *il ne te sera point loisible de l'estre de mesme : puis que ce seroit changer la forme du Gouuernement. Et que ce Commandement se doiue prendre en ce sens : Quand le peuple Hebreu lassé du Gouuernement des enfans de Samuël eût demandé vn Roy comme ceux des autres peuples ; qu'ils peussent voir & ouïr; leur commandant de son chef,*

Explicatio du premier.

é

EPISTRE

en son propre & priué nom ; Samuël insista fort que ce fût à eux vn grand crime. On voit donc que c'étoit la premiere Grande Loy, & la Loy fondamentale de l'Etat de Dieu ; Qu'on n'y changeât point la forme du Gouuernement.

<small>Du second.</small> VI. *De mesme le second Commandement*, Tu ne te feras point d'image, ny ne te tailleras d'Idole pour l'adorer, *rapporté au Culte Diuin, n'y deffand pas absolûment toutes Images & Statuës; mais de s'en faire soy mesme, de sa propre autorité.* Moïse *éléue le Serpant d'airain*, & *fait bien ; il a tout droit de le faire ; il a la puissance Souueraine :* Aaron *fond des veaux d'or ; & fait vn grand crime : c'est que tout Grand-Prestre qu'il est, quand ce n'est pas luy le Souuerain, il n'est qu'vn simple sujet, & vn homme sans aueu. C'est donc icy vne deffance de toucher aux Cérémonies du Culte Diuin : c'est dire aux simple-particuliers que dés-là qu'elles ont été receuës & prescrites elles sont* Sainctes : *Et qu'on préne ce mesme Commandement comme vne Loy fondamentale d'Etat ;* Tu ne te feras point d'Idole pour l'adorer d'aucunes de mes Créatures qui soient au Ciel ou en Terre, *veut dire garde toy bien d'estimer à tel point qui que ce soit de mes Sujets & Créatures, de quelque rang & condition qu'ils puisse estre, qu'on puisse dire de luy le peuple l'adore ; & que pour luy tu songes à changer de Maistre. C'etoit donc la seconde Loy,* Qu'on ne se réuoltât point.

VII. *De mesme le troisieme grand Commandement*, Tu ne prendras point en vain le Nom du Seigneur ton Dieu, *si nous le rapportons au Culte Divin reçoit ces explications: garde toy de parler de Dieu qu'auec grande retenuë: Tu ne le prendras à témoin qu'en jugement: Si tu jures par son Saint Nom, garde ton serment que tu n'ayes pas juré en vain. Et qu'on rapporte ce mesme précepte au gouuernement de l'Etat,* Tu ne prendras point en vain le Nom du Seigneur ton Dieu, *veut dire,* Tu ne me prendras point pour vn vain nom, Moy qui suis ton Roy: *Tu ne mettras en question ny mon Droit, ny ma façon de regner: Tu ne rechercheras point si c'est de vray moy qui regne, & donne mes Loix à* Moïse *pour te les donner; ou si pour regner sur toy il se couure de mon Nom: Tu ne luy diras point (fusses tu son frére, fusses tu sa sœur)* que tout le peuple est Saint aussi bien que luy: *Enfin* Tu ne diras iamais rien ny de moy ton Souuerain, ny de qui que ce soit dont ie me serue, qui tende à sédition.

Du troisié-me.

VIII. *Enfin le quatriéme grand Commandement*, Souuien toy de Sanctifier le iour du Sabat, *qui veut dire de donner ce iour tout à Dieu; puis que c'étoit en memoire non-seulement de ce grand-Mystere, que Dieu ayant créé en six iours se reposa le setiéme : mais aussi que les ayant tirez de la Terre d'Egypte, ils l'auoient voulu pour Roy, gou-*

Et du Quatriéme.

é ij

EPISTRE

uernant leur Temporel ; est aussi comme on void assez vn precepte Politique.

IX. Et que j'abrege en ce sens ces quatre Loix fondamentales d'Etat ; voycy ce que dit Dieu luy mesme.

Ces quatre grands Commandemens abregez en autres termes.

1. JE SUIS LE ROY TON SOUVERAIN, Qui t'ay tiré d'oppression & de misere ; & que tu as voulu pour Roy : Quand les autres peuples ne sont pas moins sujets que toy, tu ne changeras point ma forme de gouvernement.

II. Garde toy de te soumettre à pas vn de mes Sujets, pour te reuolter contre moy.

III. Tu ne diras jamais rien qui tende à sedition.

IV. Tu viendras au temps prescrit pour étre instruit de ton deuoir.

Changement arriuez dans le Royaume de Dieu faute d'Education.

X. Maintenant SIRE, que VOSTRE MAIESTÉ voye qu'il importe sur toutes choses de faire instruire ses Sujets. Faute de telle discipline la forme du gouvernement que Dieu auoit étably ne dura pas long temps parmy les Hébreus. Car en premier lieu les Grand-Prestres s'y laisserent dépouiller peu à peu par négligence de l'éxercice de leur Droit de Souuerain. Les Juges donc c'est à dire diuers hommes qui se rendirent agreables s'attribuerent cette autorité : Ils consultérent l'Oracle Diuin ; & se rendans ses Interprétes commanderent Souuerainement en son nom. Mais ceux-cy

AV ROY.

non plus que les autres n'ayant pas eu soin de faire instruire leurs Sujets ; ce peuple se dégouta de cette forme de gouuernement ; & se persuadant sans doute que le nom de Dieu fût vn nom vain dans la bouche de qui leur commandoit en son nom & de sa part : & ainsi prenans le nom de Dieu en vain : ils demanderent vn Roy, qui leur cõmandât en son propre & priué nom. Cela ne se pouuoit, SIRE, que du consentement de Dieu : Car en se faisant vn Roy le peuple luy transporte tout son droit ; & bien loin de pouuoir le retirer quand il luy plaira, il ne peut mesmes s'assembler que conuoqué de par luy, & pour les fins qu'il est conuoqué : mais Dieu consentit, & se demit au gré du peuple ; & disant à Samuel ; fay ce qu'ils desirent, quand ce n'est pas moy qu'ils rejettent, mais toy que ie ne regne pas sur eux ; & que Rejetter en ce lieu est autant que Déposer : (ce que les termes qui suiuent expliquent assez, Que ie ne regne pas sur eux ;) Dieu pour ainsi dire, consentit d'estre Déposé.

11. Le Gouuernement Monarchique humain fût donc étably de la sorte ; & l'Office de Grand-Prestre autrefois de Souuerain, deuint tellement vn Ministere, & vn Office de Sujet : Que non seulement les Rois comme Dauid s'y reuestirent de l'Ephod (l'habit Sacré fait pour le Grand-Prestre ;) & consulterent la voix de Dieu : mais encore Salomon (le plus sage de tous les Rois depuis le comman-

Du Droit de Roy.

cement du monde iufqu'à ce Siecle) Salomon (dis-je SIRE,) apres auoir deposé le Grand-Preftre Abiatar; apres auoir mis Sadoc en fa place, fit quand il luy pleût toutes les autres fonctions de Grand-Preftre; beniffant le peuple; & confacrant le Temple; où il prononça cette Oraifon fi Augufte; qui depuis a feruy d'exemple en pareilles ceremonies: Et fit bien voir par ce moyen, que s'il ne continüoit pas dans l'exercice de ces fonctions, mais s'en repofoit fur Sadoc, c'eftoit pour auoir plus de temps à donner au gouuernement; & non pas faute de Droit, quand il auoit montré le fien abfolu & fans referue, de PASTEVR EN CHEF DE SON PEVPLE.

Que les Rois pour s'eftre faits Chrétiens n'ont rien perdu de leur Droit.

XII. Et quand IESVS CHRIST venu depuis declara expreffement, Qu'il n'étoit point venu au monde pour abroger la Loy, qui veut dire la Loy de Dieu donnée au peuple par Moyfe, mais pour l'accomplir: Qu'il ne vouloit que rétablir le Royaume de Dieu fur les hommes par fon nouueau Pacte du Baptefme, par lequel il promit à ceux qui croyroient en luy, & garderoient les Commandement, de les receuoir au Royaume de Dieu, où luy mefme il regneroit comme Grand-Preftre, & comme eftant le MESSIE que les Prophetes auoient predit qui retabliroit ce Royaume: Qu'il s'expliqua que ce Royaume ne fût pas de ce monde icy, où il n'eftoit point venu pour rendre aucuns

AV ROY.

iugemens, ny donner aucunes Loix: Qu'il enseigna la priere Que ce Royaume auiene, par où on entend qu'il n'est pas encore auenu: Qu'il enuoya ses Apôtres pour enseigner cela mesmes à qui voudroit les receuoir, & faire le Pacte nouueau: Que de vray Saint Paul ne dit point qu'il doiue rendre en vain les puissances de la Terre, qui veut dire leur ôter l'autorité, qu'à son second Auenement: mais enseigne cepandant on doit obeïr à ses Rois, en toutes choses, sans reserue: VOTRE MAIESTE´ void SIRE que c'est à elle s'il luy plaît de faire enseigner à ses peuples cette obeïssance qu'ils doiuent, ainsi que DIEV prit soin luy mesme de faire instruire le sien. Or apres trente ans d'études auec aplication, & dans le dessein de seruir, ie ne trouue point de Liure qui démontre la puissance Souueraine, absoluë & sans bornes, & l'obeïssance qu'on doit pure & simple sans reserue que ce Liure de Politique; & il l'a demontre si bien; que j'oserois assurer SIRE que s'il plaît à VOTRE MAIESTE´ que quelques Professeurs fideles point engagez à autre Prince sous quelque couleur que ce soit en lisent dans vos Etats cette Traduction ou autre meilleure: on n'y verra de tout son regne ny sedition ny reuolte.

XIII. *De vray qui pourroit alleguer qu'on fût plus heureus autrement, ou mieux gouuerné ailleurs; quand on luy auroit demostré, que s'il n'y* Que sur les Maximes de ce Liure on

EPISTRE

gardera le premier grād Cōmandement.

auoit point de Loix qu'on fût tenu à garder on seroit en guerre chaque homme contre tout autre ; ce qui seroit trop violant : Que les Loix ne pouuant étre de simples pactes & conuentions ; quand il se trouue trop de gens sujets à manquer de parôle ; il faut que ce soient les Ordres & Cōmandemens d'vn Souuerain absolû ; & lequel cela posé aura droit de juger de tout, sans estre jugé de personne : Et que quand c'est en cela que consiste la Nature de l'Etât, les peuples y sont partout également sujets à qui les gouuerne ? On garderoit donc jusques là le premier Cōmandement, de ne croire point meilleur le Gouuernement Etranger.

Le second.

XIV. Et quand par quelque interêt ou des Etats voisins cherchans de nous affoiblir, ou d'vn particulier ambitieus voulant s'agrandir à nos dépens, on nous viendroit dire qu'il a pitié du pauure peuple qu'on épuise : Qu'on diuertit les Finances : Que pour y remedier il est prêt de sacrifier sa vie & ses biens : On luy repondroit bien tôt Qu'il n'est qu'vn faux Dieu, qui se veut faire adorer. Faux Dieu de vray en premier lieu parce que le vray Dieu est vnique ; ie veux dire que l'autorité absoluë & sans reserue n'appartient qu'à vn seul, & qu'il le veut partager : Faux-Dieu & allegue faux en ce qu'il allegue du mauuais employ des Finances ; Quand le Prince Souuerain doit donner à qui le sert de si grandes recompenses, que cela luy en asseure la fidelité ;

AV ROY.

delité ; quand il luy faut entretenir un grand nombre d'espions dans tous les Etats voisins, pour la seureté du sien ; quand il achéte des places pour épargner le sang du Soldat ; & qu'on ne peut sçauoir que de luy le secret de cet employ : Faux-Dieu enfin, & derechef alleguant faux de cette compassion qu'il a pour le peuple épuisé. Il luy cache son vray motif ; il voudroit étre en la place de qui gouuerne ; Et quelles seuretés donne-t-il que le peuple s'en trouuât mieux ? Quelle compassion voylà d'engager à la Reuolte, ou si le Monarque perit tout aura pery par longues guerres, & la Race d'aprés cela verra ses terres desolées : Et ou s'il plaist à Dieu de conseruer le Souuerain, on ne manquera pas d'estre chastié ? Bien-loin donc qu'on adorât ce faux-Dieu, il auroit la haine des peuples : Et ainsi on garderoit le second Commandement de ne se Reuolter iamais.

XV. Aussi se voyant sans droit de toucher au Gouuernement, on ne s'en mettroit plus en peine. On songeroit seulemēt à iouïr du bien qui reuient du Gouuernement étably de ses Maisons à la ville, de ses Domaines aux champs, de son argent, de son industrie ; On ne s'amuzeroit plus à ces Reformateurs d'Etat, qui pour y auoir quelque employ ou d'industrie ou de iuger, par habitude de donner preceptes, sans considerer qui les a faits Docteurs & Iuges, & pour quelle fin, se veulent rendre les siens : semblables à ces Pedans & Precepteurs Domestiques, qui par habitude

Le troisiéme.

EPISTRE.

de contredire & censurer controllent les actions du Maistre de la maison. Et qu'on ne les écoutât pas, qu'on ne prît pas comme eux, en vain le nom du Seigneur: Ce seroit garder sa Trosiéme grande Loy.

Et la quatriéme.

XVI. *Enfin pour la quatriéme, qui sçauroit vne fois que c'est luy* LE DIEU VISIBLE, *qui a tiré ses sujets de cette* Terre d'Egypte, *de cette misere de la guerre vniuerselle de tout homme contre tous autres, se trouueroit au iour dit pour en conseruer la memoire, & accompliroit la Loy.*

XVII. *I'en dirois dauantage* SIRE, *sinon en cette Preface (qui des-ormais seroit bien longue sans l'importance du sujet) au moins en autres discours: Et quand ie publie cette verssion imparfaite, ie ne manquerois pas d'y ajoûter les Remarques necessaires: mais on fait diuerssion; on donne bien d'autres affaires à vos fideles sujets.*

Elogie du Roy; & conclusion.

XVIII. *Mais quand ie n'y puis autre chose, au moins fay-je des veus à Dieu, qu'il comble* VOTRE MAIESTE' *de benedictions sans nombre. Ie luy demande* SIRE, *auec toute la feruerur qu'il luy a pleu de me donner, que comme il a fait naître* VOTRE MAIESTE' *le Monarque du monde le plus accomply; Qu'il luy a donné dés l'enfance le secret & la retenuë d'vn homme fait; Qu'il luy a donné dés la plus tendre ieunesse tant d'adresse à tous exercices, que ç'a esté l'admiration de tout le monde; Et qu'il luy donne maintenant tant de valeur*

AV ROY.

& de conduite, que ses peuples en loüent le Ciel: Comme il a pleu à ce GRAND DIEV de faire valoir tant de graces par ce bon-heur singulier, que VOTRE MAIESTÉ ayant eté delaissée par le feu Roy de Triomphante Memoire, Vôtre Personne & vos peuples se soient trouuez sous la conduite de la plus Sage & Vertueuse Reyne qu'on ait iamais veu, ayant pour premier Ministre Son Eminence, qui par vne grandeur & fermeté d'ame tout extraordinaire & miraculeuse a tenu bon dans les plus rudes & furieuses tempétes des guerres Etrangeres & Ciuiles: Enfin SIRE, quand ce GRAND DIEV donne à VOTRE MAIESTÉ pour comble de felicités, la plus Auguste Princesse du monde, la seule digne du plus Grand Roy qui fut iamais: Il luy plaise aussi de conseruer à VOTRE MAIESTÉ longues & heureuses années cette grande & belle vigueur qui fait la joye de vos peuples: Que VOTRE MAIESTÉ durant tout le cours de sa vie ressente toutes les joyes d'vn Mariage tres-heureus: Que Monsieur son Frere vnique, (Ce Prince les Delices de la Cour) semblable à ces fruits excellens dont la douceur se change en force, ait toute sa vie autant de zele à seruir VOTRE MAIESTÉ qu'on luy a veu jusqu'à present de tendresse pour sa personne: Qu'apres vne longue suitte d'actions toutes pareilles à celles dont VOTRE MAIESTÉ

EPISTRE AV ROY.

a fait trembler toute l'Europe, tous les Rois du reste du monde émerueillés de tant de valeur & de Sagesse desirent VOTRE MAIESTE' pour l'Arbitre Souuerain de leurs plus grands differens : Et qu'enfin VOTRE MAIESTE' comblée d'années & de merites, mesmement laissant à ses peuples vn Successeur qui luy ressamble, ne sorte de cette vie & de tant de gloire que pour entrer dans la vie & dans la Gloire sans fin. Ie fay ces veus SIRE, qui suis auec tout le Zele & toute la fidelité qu'il est possible d'auoir,

SIRE,

DE VOTRE MAIESTE'.

Le tres-humble, tres-obcïssant, & tres-fidele sujet,

DV VERDVS.

L'IMPRIMEVR
AV LECTEVR.

LECTEVR, vous aurés pû sçauoir que *Monsieur Hobbes* Gentilhomme Anglois a écrit en Latin, & publié en trois Volumes ses *Elemens de la Philosophie*. Au premier qu'il apelle *du Corps*, il traite des corps en général, de leurs accidens, & comme on les nomme des Phénoménes de Nature, qui veut dire des objets des Sens : Et ainsi c'est sa Physique : Au second qui a pour titre *de l'Homme*, il a expliqué nos facultés naturelles, & sur tout de l'ame : Et ainsi c'est sa Morale : Au troisiéme sous ce titre *du Sujet ou Citoyen*, il donne les Elemens de la vraye Politique. *Monsieur du-Verdus* comme son amy intime, & pour la beauté des matiéres & leur importance, a traduit dés long temps ces trois Volumes. Mais quand il se promettoit de les donner au public on luy donne d'autres affaires. Pour se voir pupille depuis l'âge de deux mois, auec plus de bien & de droits qu'autre homme de sa Naissance en Guyéne; Et pour auoir été bon & fidéle Sujet, il se trouue à dos vne grande cabale de ses parens, gens puissans, le regardans dés long temps comme leur proye. En cet état, que des ormais LE ROY *seul* peut l'en tirer, comme il est seul & sans secours, son temps s'en va à écrire Rélations d'affaires, & dires en exécution d'Arrests. Il n'a donc pû faire autre chose pour rendre seruice au public, que vous donner cette Partie de sa Version, où l'on void si bien démonstrée la nécessité de viure dans vn Etat & Societé Ciuile, & l'obeïssance sans reserue que le Sujet doit au Roy. Si sa Traduction agrée ; & que tôt ou tard il ait loisir d'en retoucher tout le reste; il le fera : sinon il vaut mieux pour vous que vous ne l'ayez pas entiere. Mais voiçy quels sont les Chapitres de cette belle Politique.

TABLE DES CHAPITRES.

Sous ce Titre.

LA LIBERTE'.

CHAPITRE PREMIER:

E la condition des hommes hors de la Societé Civile.

CHAPITRE SECOND:

De la Loy de Nature quant aux Contrasts.

CHAPITRE TROISIESME:

Des autres Loix de Nature.

CHAPITRE QVATRIESME.

Que toute Loy de Nature est Loy Divine.

Sous ce Titre.

LE COMMANDEMENT.

CHAPITRE CINQVIESME:

Des causes & de la generation de l'Etat.

CHAPITRE SIXIESME:

Du Droit du Conseil, ou du Monarque Souuerain.

CHAPITRE SETIESME.

Des trois Espeçes d'Etat; la Democratie, l'Aristocratie & la Monarchie

CHAPITRE HVITIESME:

Du Droit de Seigneur sur l'Esclaue.

CHAPITRE NEVVIEME:
Du Droit qu'on a sur ses enfans; & du Royaume Patrimonial.

CHAPITRE DIXIESME:
Comparaison des trois Especes de gouuernement, pour les incommodités qui se rencontrent en chacune.

CHAPITRE ONZIESME:
Passages & exemples de la Sainte Ecriture, à confirmer le droit de Roy.

CHAPITRE DOVZIESME:
Des causes intérieures de la dissolution de l'Etat.

CHAPITRE TREZIESME:
Du devoir des Souuerains.

CHAPITRE QVATORZIESME:
Des Loix & des Pechés.

Sous ce Titre.
LA RELIGION.

CHAPITRE QVINZIESME:
Du Royaume de Dieu par Nature.

CHAPITRE SEZIESME:
Du Royaume de Dieu par l'ancien Pacte.

CHAPITRE DIX-SETIESME:
Du Royaume de Dieu par le nouueau Pacte.

CHAPITRE DIX-HVITIESME:
Des choses nécessaires pour être reçeu au Royaume des Cieux.

LES
ELEMENS
DE LA
POLITIQVE.

PREMIERE PARTIE.
LA LIBERTÉ
CHAPITRE PREMIER.

De la Condition des Hommes hors de la Societé Ciuile.

I. *L'Introduction.* II. *Que le commencement* de toute Societé Ciuile *d'hommes vient de leur crainte mutuëlle.* III. *Que les hommes sont tous égaux entr'eux par nature.* IV. *D'où vient leur volonté de s'entre-nuire.* V. *Leur mes-intelligence de ce qu'ils se picquent d'esprit.* VI. *Et que plusieurs tout à la fois veüillent une mesme chose.* VII. *La definition du* Droit. VIII. *Le Droit à la fin donne droit à tous les moyens necessaires.* IX. *Vn chacun par* Droit de Nature *juge des moyens de se conseruer.* X. *Que par ce mesme Droit de Nature toutes choses sont à tous les hommes.* XI. *Que le Droit de tout homme sur toutes choses est inutile.* XII. *Que l'Etat*

A

CHAPITRE I.

*& Condition des hômes hors de la Societé Ciuile est vn état de Guer-
re de tout homme contre tout autre.* XIII. *Que cette Guerre est
contraire à leur conseruation.* XIV. *Que par Droit de Nature tout
homme en ayant vn autre en sa puissance, peut le contraindre à
luy donner des seuretés qu'il luy obeira à l'auenir.* XV. *Que Nature
dicte qu'il faut chercher la Paix.*

L'introduction

I. ON peut reduire les facultés de la Nature de l'homme à ces quatre genres, la Force du corps, l'Experience, la Raison, & les Passions. Ie commenceray par là ces Elemens de Politique, & feray voir en premier lieu l'animosité des hommes entre-eux posé ces qualités naturelles ; aussi s'ils sont nais ou non pour la Societé Ciuile, & pour se garantir les vns des autres, & par quelle faculté : Puis ie diray quel party prendre necessairement sur cela ; Et quelles sont les conditions de la Societé ou paix d'entre les hommes, ie veux dire, à les nommer autrement, quelles sont les Loix fondamentales de Nature.

Que le commencement de toute Societé Ciuile d'hommes vient de leur crainte mutuëlle.

* Voyés les Remarques.

11. La plus-part de ceux qui ont écrit des choses de Politique auançent ou par supposition, ou comme vne demande que l'homme est vn Animal né pour la Societé ; * (le Grec dit vn animal Politique) & sur ce fondement ils batissent leur Doctrine Ciuile, comme si pour garder la paix, & pour la conduitte de tout le genre humain il ne faloit autre chose sinon que les hommes s'accordassent de certains pactes & conuentions, que ces Auteurs apellent Loix aprés cela. Mais cette Ma-

xime est fausse, quoy qu'on l'ait ainsi receuë : Et la faute vient de ce qu'on n'y a pas assez considéré la Nature de l'homme. Car à considerer à fond les causes de ce qu'on s'assemble & fait volontiers société, il sera aisé de voir que c'est seulement par accident, & non qu'il ne se puisse autrement par Nature. Car si naturellement l'homme aymoit l'homme, ie veux dire entant qu'homme : il n'y auroit point de raison qu'on en aymât plûtôt les vns que les autres, qui sont tous également hommes, ny qu'on aymât de hanter plûtôt ceux dont il reuient de l'honneur & du profit. Ce n'est donc pas d'estre en compagnie qu'on cherche naturellement, mais l'honneur & l'vtilité : Nous desirons premierement ces choses ; puis la Société pour l'amour d'elles. Or on connoît pourquoy les hommes s'assemblent de ce qu'ils font étant assemblés. Car si c'est pour le commerce ; chacun songe à ses affaires & point à son associé : si c'est pour l'exercice de leurs charges, il n'ait entre-eux certaine amitié de Cour ou de Palais, où il y a moins d'affection que de crainte mutuelle ; & d'où vienent quelquefois les factions, mais la bien veillance iamais : Si c'est pour se diuertir, on y ayme ce qui fait rire, pour y auoir meilleure opinion de soymesme apres la comparaison de ce qu'on trouue à tourner en ridicule en autruy. Et bien que souuent cela ne passe pas jeu : toûjours y void-on que les hommes ne cherchent pas tant la société que leur propre gloire. Au reste en tel-

A ij

les assemblées, presque toûjours on offance les absens ; on recherche toute leur vie, ce qu'ils ont dit, ce qu'ils ont fait ; on en juge ; on les condamne ; on en fait des railleries : mesme on ne pardonne pas à ceux de la troupe ; on en dit autant dés qu'ils n'y sont plus ; de sorte que Celuy-la auoit raison, qui sortoit toûjours le dernier d'vne assemblée. Et ce sont là nos delices en toute societé : & l'on s'y porte par Nature, ie veux dire par affection & inclination naturelle, jusqu'à ce qu'a force d'accidens qui en arriuent, ou de préceptes qu'on nous donne, l'apetit du present se trouue émoussé par la memoire du passé ; y ayant mesme force gens qui ne s'en corrigent iamais : Et, sans tel diuertissement beaucoup de gens, ne parleroient que peu ou point qui sont fort diserts en ce genre. Que s'il arriue qu'on s'y mette à faire de petits comprés, & que quelqu'vn en die de soy ; tous les autres en font autant ; & qu'il leur ait raconté quelque chose d'admirable, ils rapporteront des miracles, ou en forgeront sur le champ. Enfin (pour parler de ceux qui font profession d'estre plus sages que les autres.) Si c'est pour philosopher qu'on s'assemble, autant d'hommes autant de Docteurs, chacun veut enseigner son compagnon : à moins que cela non seulement il ne s'ayment pas ensemble ; mais mesmes ils se haïssent. On void donc par experience, pour peu que l'on considere attentiuement les choses humaines, Qu'en quelque assemblée qu'on se trouue de son bon gré, c'est ou pour le besoin que l'on

DE LA POLITIQVE.

CHAPITRE I.

a les vns des autres, ou pour acquerir de la gloire, & qu'on s'attend d'y trouuer quelque profit ou de s'y voir estimé & honoré. Cecy se deduit aussi par raison des seules definitions *de la volonté, du Bien, de l'honneur, & de l'vtile*, que i'ay données ailleurs. Car en toute societé volontaire on cherche l'objet de la volonté, qui est ce qu'vn chacun de ceux qui s'assemblent juge qui est bon pour soy. Or tout ce qui semble bon est agreable, & se rapporte aux organes ou à l'ame : Mais toute volupté d'esprit est de deux chose l'vne, ou quelque gloire qui consiste à auoir bonne opinion de soy mesme, ou quelque chose qui se raporte à la gloire, & tout le reste sont choses sensuelles ou qui y seruent, qu'on peut comprendre sous le nom de commodités : C'est donc ou pour les commodités ou pour sa propre gloire, & ainsi c'est pour l'amour de soy mesme & non de ses compagnons qu'on fait societé. Mais il ne peut y auoir de societé pour la propre gloire ny pour long-temps, ny de beaucoup de monde : (car & la gloire & l'honneur quand tous l'ont personne ne l'a, étant choses qui consistent en comparaison & auantage :) & pour auoir en soy-mesme sujet de se glorifier la Societé n'y fait rien ; puis qu'on n'est à estimer qu'autant qu'on peut de soy mesme, sans l'ayde d'autruy. Or bien qu'on se puisse augmenter les commoditez de la vie en s'aydant les vns les autres : toutefois comme cela seroit plus aisé en étant le maistre d'autruy que le compagnon, il n'y a point de doute qu'ôté la crainte on ne se portât naturellement à la domination auec beaucoup plus d'ardeur qu'à la Societé: Il faut donc établir ceçy, *Que les Sociétés grandes & de durée ne viennent point de la bien-veillance mutuelle des hommes, mais de leur crainte mutuelle.* *

<small>CHAPITRE I.</small>
<small>* Voyez les Remarques.</small>
<small>Que les hommes sont tous égaux entre-eux par nature.</small>

III. La cause de cette crainte se trouue en partie dans l'égalité naturelle des hommes, en partie dans leur volonté de s'entre-nuire : d'où il arriue que nous ne sçaurions n'y attendre nos seuretés d'autruy, ny nous les donner nous mesmes. Car à considerer l'homme fait, & voir combien la machine de son corps est vne chose fragile & que quand elle est détruite, toute sa force, sa vigueur, & sa sagesse l'est aussi : & combien il est aisé au plus foible de tuër le plus fort : on n'a pas dequoy se fier beaucoup de ses propres forces, ny se croire fort auantagé de nature par dessus les autres hommes. C'est être égaux que de pouuoir choses égales les vns contre les autres : & c'est pouuoir choses égales, que de pouuoir la plus grande de toutes qui est de tuër. Les hommes donc sont tous égaux par nature ; & ce qu'on les void inégaux leur vient de la Loy Ciuile.

<small>D'où vient leur volonté de s'entre-nuire.</small>

IV. A vray dire dans l'Etat de Nature tous les hommes ont la volonté d'offencer autruy, mais elle ne leur vient pas à tous d'vne mesme cause, & n'y est pas également à blâmer. Car où l'on permet aux autres les mesmes choses qu'à soy-mesme, & cela atandu l'egalité de nature (ce qui est de l'homme modeste, & qui ne presume pas trop de ses

DE LA POLITIQVE.

propres forces :) où s'eſtimant plus que tout autre on veut pouuoir ſeul tout ce qu'on voudra, & l'on s'attribuë plus d'honneur qu'à autry, (ce qui eſt d'vn eſprit féroce :) Ainſi les vns ont la volonté de nuïre, qui leur vient de vaine-gloire, & de ce qu'ils préſument trop d'eux-meſme, & les autres de ce qu'il leur eſt néceſſaire de deffandre leur liberté contre les premiers.

v. De plus comme on ſe picque d'eſprit, il faut néceſſairement qu'on viene à prendre querele. Car non ſeulement le diſputer contre, mais encore n'eſtre pas de meſme auis eſt quelque choſe d'odieux. En effet n'eſtre pas de l'auis d'autruy en certaines choſes eſt l'accuſer tacitement qu'il s'y trompe ; & ne l'eſtre preſque en aucune eſt le tenir pour vn idiot : Ce qu'on peut voir de ce qu'il n'y a point de guerre cruëlle comme celle que ſe font les Sectes d'vne meſme Religion, & les factions d'vn meſme Eſtat, où il s'agit ou de la Doctrine ou de la Prudence Politique. Et comme toute la volupté d'eſprit & la guayeté conſiſte en cela ; Qu'on trouue des gens auec leſquels venant à ſe comparer on puiſſe faire grand état de ſoy-meſme : il eſt impoſſible qu'on ne ſe donne tôt ou tard les vns aux autres quelque marque de haine ou de meſpris, ſoit par quelque ſoûris ou paroles, par quelque geſte ou autrement : ce qui offançe tellement & donne tant de chagrin, qu'on ne ſçauroit auoir pour quoy que ce ſoit plus de volonté de nuïre.

vi. Mais la cauſe la plus fréquente à s'offançer

Leur mes-intelligence de ce qu'ils ſe picquent d'eſprit.

les vns les autres est que plusieurs tout à la fois veüillent vne mesme chose : Car s'ils ne peuuent en ioüir par indiuis ny la partager, il faut que le plus fort l'emporte; & pour sçauoir qui ce sera, il faut en venir aux mains.

VII. Parmy donc tant de perils où l'on se void pour la cupidité naturelle des hommes, nul ne doit trouuer mauuais qu'on prene ses suretés, quand on ne sçauroit vouloir faire autrement. Car vn chacun se porte à désirer ce qui luy est bon, & fuïr ce qui luy est mauuais, sur tout le plus grand de tous les maux naturels qui est la mort & cela par vne certaine nécessité de nature, qui n'est pas moindre que celle auec quoy la pierre tend de haut en bas ; Il n'est donc ny absurde ny à blâmer, ny contre la droite raison, qu'on mette tous ses soins à se garantir de la mort & des douleurs, & se conseruer. Or ce qui n'est pas contre la droite raison, est ce que tout le monde dit qu'on fait iustement & auec *Droit* : & on n'entand rien autre chose par ce mot *le Droit*, Que *la Liberté qu'a vn chacun d'vser de ses facultez naturelles selon la droite raison* : Et c'est pourquoy le premier fondement du Droit de Nature est, *Que chacun se conserue de tout son pouuoir.*

VIII. Et parce qu'en vain auroit-on droit à la fin, si l'on n'auoit droit aux moyens nécessaires : il s'en-suit que puis qu'vn chacun a droit de se conseruer, il a aussi *Droit d'vser de tous les moyens, & de faire toute action, sans quoy il ne se peut conseruer.*

IX. Mesmement c'est encore à luy que par Droit de

DE LA POLITIQVE.

CHAPITRE. I.

de Nature il apartient *de juger* si les moyens dont il vsera, & si l'action qu'il fera luy sont nécessaires ou non pour se conseruer. Et de vray s'il est contre la droite raison que ie juge moy mesme de mon propre peril: qu'vn autre en juge: Puis donc qu'vn autre juge de ce qui me regarde, par la mesme raison qui est que nous sommes égaux par Nature, ie jugeray aussi de ce qui le regarde. Il est donc de la droite Raison, & c'est dire du Droit Naturel, que ie juge de son auis, & si la chose importe ou non à ma conseruation.

Vn chacun par Droit de Nature juge des moyens de se conseruer.

x. La Nature a donné *Droit à tout homme sur toutes choses*: ie veux dire que dans l'état purement Naturel, * auant que les hommes se fussent engagés entre eux par aucuns pactes & conuentions, il étoit loisible à chacun de faire tout ce qu'il vouloit, & contre qui bon luy sembloit, de posséder tout ce qu'il vouloit & pouuoit, d'en vser & d'en iouïr. Car en cet Etat puis que ce que l'homme veut luy semble bon parce qu'il le veut, soit qu'il puisse s'en seruir pour sa conseruation, ou qu'il luy semble qu'il le puisse : (Et nous venons de l'en faire juge dans l'article précedent, de sorte qu'on doit tenir necessaires les choses qu'il juge telles :) Puis aussi que par l'article sétiéme on fait par droit de Nature & on s'attribuë, tout ce qui est nécessaire pour se conseruer : il s'ensuit que dans l'Etat de Nature il est loisible à tout homme d'auoir à soy toutes choses, & de tout faire : Qui est ce qu'on dit communément, Que *la Nature a donné tout à tous.* D'où l'on

Que par ce mesme Droit de Nature toutes choses sont à tous les hommes.

* Voyés les Remarques.

B

entent aussi *Que dans l'Etat de Nature l'interet propre est la mesure du Droit.*

CHAPITRE. I.

Que le Droit de tout homme sur toutes choses est inutile.

XI. Mais il ne seruoit de rien à personne d'auoir ce droit commun sur toutes choses, l'effet de ce droit étant presque le mesme que s'il n'y eut point eu de droit : Car bien qu'vn chacun peut dire de chaque chose, *Cela est mien* : il ne pouuoit neanmoins en joüir, à cause du voisin, qui auec autant de droit & de force prétandoit la chose siene.

Que l'Etat & Condition des hommes hors de la Société Ciuile est vn état de Guerre de tout homme contre tout autre.

XII. Maintenant si nous ajoutons à cette inclination naturelle de se quereller qui vient aux hommes de leurs passions sur tout de leur vaine-gloire, *le droit de tous sur toutes choses*, à raison dequoy l'vn enuahit *auec droit*, l'autre résiste *auec droit* d'où viennent leurs défiances sans fin, & leurs soins de tous contre tous ; & combien mal-ayſément quand on est en petit nombre, & sans de bons préparatifs, peut-on se garantir de l'ennemy qui vient à l'improuiste pour nous opprimer : On ne peut nier que l'Etat Naturel des hommes auant la Societé Ciuile n'ayt été vn Estat de Guerre, & non seulement cela : mais de tous les hommes contre tous les hommes. Car *la Guerre* n'est autre chose que le temps auquel on déclare par paroles & action qu'on veut en venir aux mains : le reste du temps ce nomme *la Paix.*

Que cette Guerre est contraire à leur conseruation.

XIII. Or il est aisé de juger combien telle guerre sans fin est quelque chose de mal propre à cóseruer soit le genre humain ou le particulier : Mais celle-là seroit sans fin laquelle pour l'égalité des combatans n'auroit point de victoire qui la terminât; & quád les victorieux y seroient en danger aprés cóme auant, ce seroit com-

DE LA POLITIQVE

me vñ miracle que le plus fort & le plus vaillant y deut mourir de vieilleſſe. Ce ſiécle nous en fournit pour exemple les Americains, & les Siécles paſſez les autres peuples, ciuiliſez maintenant & floriſſants; mais pour lors en petit nombre, feroces, de courte vie, pauures, hydeux, & dépourueus des commoditez & des ioyes de la vie que donne la Paix & la Societé. Ce ſeroit donc ſe contredire ſoy meſme, que de vouloir qu'on demeurât dans vn état de vie ou tout fût permis à tous: Car vn chacun déſire par neceſſité de Nature ce qui luy eſt bon; & perſonne ne peut juger de cette Guerre de tout homme contre tout autre luy fût bonne qu'on void naturellement attachée à cet état. Ainſi il arriue que par crainte mutuëlle on eſt d'auis de ſe tirer de cet état, & ſe chercher des compagnons, que s'il faut faire la Guerre, ce ne ſoit plus contre tous & ſans ſecours.

XIV. On ſe fait des compagnons par force ou de leur bon gré. Par force quand le vainqueur contraint le vaincu de le ſeruir, ou de crainte de la mort ou en luy donnant des liens: de bon gré, quand on fait ſocieté pour s'ayder les vns les autres, toutes parties le voulant bien, ſans qu'aucun y ſoit contraint. Or le vainqueur peut de droit contraindre le vaincu, & le plus fort, le plus foible; ie veux dire l'homme en ſanté, le malade; & l'homme fait, le jeune enfant de luy donner des ſeuretez qu'il luy obeïra à l'auenir, ſi mieux il n'ayme mourir. Car puis que le droit de ſe proteger ſoy meſme

CHAPITRE I.

Que par Droit de Nature tout homme en ayant vn autre en ſa puiſſance peut le contraindre à luy donner des ſeuretez qu'il luy obeïra à l'auenir.

B ij

comme on voudra vient du peril où l'on eſt; & que le peril vient de ce qu'on eſt tous égaux: il eſt bien plus raiſonnable & plus ſeur pour ſe conſeruer de ſe ſeruir de la commodité qu'on a, & ſe faire donner ſes ſeuretez quand on le peut, que de taſcher à les r'auoir apres cela par vn combat douteux, contre des perſonnes qu'on ſe ſera laiſſé échaper des mains, & qui auront creu en âge & en force: & tout au contraire on ne peut rien imaginer contre raiſon comme cela, qu'on ſe laiſſe échaper des mains qui ne ſçauroit reſiſter, pour s'en faire vn ennemy qu'on ſe trouuera ſur les bras. D'ou ie concluray auſſi par forme de corollaire, que dans l'Etat de Nature des hommes la puiſſance certaine à quoy l'on ne peut reſiſter confere le droit de regir & commander toutes choſes: Et qu'ainſi pour cela meſmes *la Toute Puiſſance a droit eſſentiellement & immediatement de commander toutes choſes.*

Que Nature dicte qu'il faut chercher la Paix.

XV. Cependant pour cette égalité de forces & des autres facultez, nul ne ſçauroit ſe promettre dans cet Etat de Nature & de Guerre vniuerſelle de ſe conſeruer long-temps: Ainſi la droite raiſon dicte, (& c'eſt dire *la Loy de Nature*, comme ie feray voir dans le chapitre ſuiuant) *Qu'il faut chercher la Paix en toute façon pour peu qu'on y voye de jour, ſinon, qu'il ſe faut chercher du ſecours à faire la Guerre.*

LES ELEMENS DE LA POLITIQVE.

CHAPITRE SECOND.

De la Loy de Nature quant aux Contracts.

I. *Que la Loy de Nature n'est pas le consentement des hommes, mais ce que dicte la droicte raison.* II. *Que la Loy fondamentale de Nature est, qu'il faut chercher la Paix s'il est possible de l'auoir ; sinon les moyens de se deffandre.* III. *La première Loy speciale de Nature, que nul ne doit retenir son droit de tous sur toutes choses.* IV. *Ce que c'est que laisser vn droit ou s'en départir, & quoy le transporter.* V. *Qu'on ne peut transporter de droit qu'à qui le veut bien.* VI. *Qu'on ne transporte point de Droit par paroles que de présent.* VII. *Les paroles de futur auec autres signes de la volonté seruent à transporter vn droit.* VIII. *Qu'aux donations pure & simple on ne transporte pas son droit par paroles de futur.* IX. *La definition du Contract, & celle du Pacte.* X. *Aux Pactes*

CHAPITRE II.

on transporte son droit par paroles de futur. XI. *Les Pactes de bonne foy ou foy mutuelle sont en vain & invalides dans l'Etat de Nature, mais non dans l'Etat Civil.* XII. *On ne sçauroit faire de Pactes ny auec les bestes ny auec Dieu sans reuelation.* XIII. *Ny voüer à Dieu autrement.* XIV. *On ne s'oblige par Pacte qu'à faire son possible.* XV. *Par quels moyens on est quitte de ses Pactes.* XVI. *Les promesses faites par force, & crainte de la mort sont dans l'Etat de Nature bonnes & valides.* XVII. *Tout Pacte en suitte d'vn autre qu'il contre-dit est inualide.* XVIII. *Le Pacte est nul & inualide de ne resister point à qui nous offançe en nôtre corps.* XIX. *Et celuy de s'accuser soy-mesme.* XX. *La definition du serment.* XXI. *Le serment doit estre conçeu dans les manières de jurer de celuy qui prend à serment.* XXII. *Le Serment n'ajoute rien à l'obligation venuë du Pacte.* XXIII. *On ne doit vouloir de serment que de qui pourroit manquer de parole sans qu'on le sceût ou Dieu seul l'en chastier.*

Que la Loy de Nature n'est pas le consentement des hommes, mais ce que dicte la droite raison.

I. LEs Auteurs se seruans le plus de ce terme *la Loy de Nature* ne sont pas trop bien d'accord de sa definition. Car c'est à faire à qui ne veut point de chicane que de commençer par les definitions, & ôter d'abord toute occasion d'équiuoque. Mais pour reuenir aux autres : s'ils entreprenent de prouuer que quelque chose qu'on aura fait soit contre la Loy de Nature, l'vn le prouue par ce dit-il que ça été contre le consentement de tous les peuples, au moins des plus sages, & des plus sçauans : Mais de nous dire qui jugera de la sagesse, de l'erudition & des mœurs de tous les peuples, il ne nous dit pas cela. L'autre allégue que ça été contre le consentement de tout le genre humain : Définition qui ne peut estre reçeuë en nulle façon : Car autrement il feroit impoffible à tout autre qu'aux enfans, & aux foux de, pécher contre cette Loy. De vray par ce mot de genre humain, ils entandent tous les hommes fe feruans actuëllement de leur raifon, & à ce compte les hommes ne font rien contre, où ils le font fans le vouloir ; en quoy il faut les excufer. Or de receuoir les Loix de Nature du confentement de ceux qui les violent plus fouuent qu'ils ne les gardent, en verité il n'eft pas jufte. D'ailleurs on condamne en autruy ce qu'on aprouue en foy ; on louë en public ce qu'on méprife en particulier ; on dit fon fentiment par coûtume, & fur ouy dire, plûtôt que fur chofe qu'on ait remarquées & étudiées foy mefme ; & qu'on fe trouue de mefme aduis que d'autres ; c'eft moins par raifon que par haïne, par crainte, par efpérance, par amour, ou par autre paffion. De là vient affez fouuent que mefme les peuples entiers font tous d'vn commun accord & à l'enuy les vns des autres des chofes que ces Auteurs aduouënt franchement qui font contre la Loy de Nature. Mais puis que tous font d'accord qu'on fait *auec Droit & Iuftice* ce qui n'eft pas contre la droite raifon : il faut dire qu'il y a *de l'injuftice & de l'injure* en ce qui repugne à la droite raifon, ie veux dire qui contredit quelque verité tirée de vrais principes par vn bon raifonnement. Or ce qu'on fait qu'il y ait de l'injure & contre raifon, nous difons que c'eft contre quelque *Loy* : C'eft donc *vne Loy que la droite raifon* ; & on la nomme *Loy de Nature*, en ce qu'elle n'est pas moins partie de la nature de l'homme que toute autre faculté ou affection de l'ame. *La Loy de Nature donc* (que nous la définitions) *est ce que dicte la droite raison* * *sur ce qu'on doit faire ou obmettre pour se conseruer la vie & le corps en son entier le plus long temps qu'on pourra.*

CHAPITRE. II.

Voyez les Remarques.

11. La premiére Loy de Nature & sa Loy fondamentale est *qu'on doit chercher la Paix s'il est possible de l'auoir, sinon du secours à faire la Guerre.* Car i'ay démontré dans l'article dernier du chapitre précedent que la droite raison dicte ce précepte; & ie viens de definir Loix de Nature, celles que dicte la droite raison. Or cette Loy est la premiére de toutes : veu qu'on en tire les autres qui préscriuent les moyens de pouruoir à la Paix ou à sa deffançe.

Que la Loy fondamentale de Nature est qu'il faut chercher la Paix s'il est possible de l'auoir: sinon les moyens de se deffandre.

111. L'vne des Loix de Nature se déduisant bien clairement de cette Loy fondamentale est, *que nul ne doit retenir son droit de tous sur toutes choses : mais bien le transporter en partie ou s'en departir tout à fait.* Car que chacun retînt ce droit: Les vns enuahiroient auec droit, les autres deffandroient de mesme, puis que par necessité de Nature on tasche de se deffandre en son corps, & ce qu'on tient nécessairo à sa déffance. Mais la guerre viendroit de là : Ce seroit donc faire contre les raisons de Paix, & ainsi contre la Loy de Nature que de retenir ce droit de chacun sur toutes choses.

La premiére Loy spéciale de Nature que nul ne doit retenir son droit de tous sur toutes-choses.

IV. On se depart de son droit quand on y renonçe purement & simplement, ou qu'on le transporte à autry. On y renonçe purement & simplement,

Ce que c'est que laisser vn droit, ou s'en dèpartir ; & quoy le transporter.

ment quand on déclare suffisamment par quelque signe ou certains signes qu'on veut bien n'auoir plus loisible de faire certaines choses qu'on pouuoit faire auparauant auec droit. On le transporte à autruy quand on luy déclare, & qu'il le veut bien & l'accepte, qu'on veut n'auoir plus loisible de luy resister quand il fera certaines choses, à quoy on auoit droit auparauant de luy resister. Et l'on void que le transport d'vn droit consiste dans la seule non-résistance, en ce qu'auant ce transport celuy à qui on le transporte auoit droit dés-lors sur toutes choses, qu'ainsi on n'a peu luy donner de nouueau droit ; & que seulement la juste résistançe de celuy qui fait le transport cesse, & est éteinte, qui empeschoit l'autre de iouïr de son droit. Quiconque donc acquert vn droit dans l'Etat que i'ay nommé de Nature, ne fait autre chose sinon qu'il puisse seurement & sans aucun iuste trouble & empeschemét iouïr de son premier droit. Par exemple qui vend ou donne son fonds, n'ote qu'à soy & non à autre le droit qu'il a sur ce fond.

v. Or en tout transport de droit il faut la volonté non seulement de qui le fait, mais de qui l'accepte. Faute de l'vne ou de l'autre le droit demeure le mesme. Car pour auoir voulu donner le mien à vn autre qui l'aura refusé ie n'ay pas pour cela renoncé purement & simplement à mon droit & ne l'ay pas transporté à tout autre : j'auois mes raisons pour luy que ie n'ay pas pour les autres.

Qu'on ne peut transporter de droit qu'à qui le veut bien.

vi. Que si pour tous signes qu'on soit en volonté d'abandonner vn droit ou le transporter on se sert

Qu'on ne transporte point

C

de paroles seulement, il faut que ce soit de paroles de présent, ou de passé, veu que celles de futur ne transportent rien. De vray celuy par exemple qui dit *ie donneray demain*, donne assez à entendre qu'il ne donne pas auiourd'huy : son droit demeure donc le mesme tout auiourd'huy ; & c'est pourquoy il sera aussi le mesme demain, & iusqu'à ce qu'en effet il ait donné ; car ce qui est vne fois mien l'est tousiours, iusqu'à ce que ie le donne. Que si ie parle du présent, & que ie die, *ie donne, ou i'ay donné cela, qu'on l'aura demain* : ie donne à entendre par là qu'auiourd'huy i'ay donné la chose, & transporté dés ce iour le droit d'auoir demain.

Les paroles de futur auec autres signes de la volonté seruent à transporter vn droit.

VII. Toutefois comme les paroles seules ne sont pas signes suffisants pour déclarer la volonté, (car i'ay assez fait voir cela au Traité que i'ay fait de l'homme :) Les paroles de futur auec autres signes de la volonté peuuent valoir comme si c'étoit de présent : car s'il conste par autres signes que qui parle du futur veut & entend que ses paroles valent pour le parfait transport de son droit, il faut qu'elles valent pour cela ; puis que le transport d'vn droit ne depend pas des paroles, mais bien, comme i'ay expliqué dans l'article quatriéme, de ce qu'on déclare sa volonté.

Qu'aux donations pures & simples on ne transporte pas son droit par paroles de futur.

VIII. Que si l'on transporte vn droit à autruy, & que ce ne soit ny pour aucun bien receu, ny pour pacte fait auec luy, ce transport s'appelle vn *Don, ou Donation pure & simple*. Or en telle donations les paroles de présent ou de passé sont les seules qui obligent. De vray celles de futur n'obligent pas comme paroles, pour la raison que i'ay dite dans l'article précedent ; & c'est pourquoy l'obligation doit venir d'autres signes de la volonté. Comme donc on ne fait rien volontairement que pour quelque bien qu'on veut, on ne sçauroit alleguer de signe de la volonté de donner que quelque bien qu'on se soit acquis, ou qu'on se doiue acquerir par telles donations : mais nous supposons d'ailleurs que qui donne n'ait ny acquis de tel bien, ny fait de pacte, puis qu'autrement sa donation ne seroit pas pure & simple : il reste donc qu'il doiue atandre ce bien reciproque sans pacte. Mais il ne peut y auoir de signe qu'vn homme s'étant seruy de paroles de futur, contre vn qui ne deuoit pas estre tenu à vn bien-fait mutuël, eût voulu qu'on entandît ses paroles en telle sorte qu'il demeurât obligé : ny il n'est pas raisonnable que qui est enclin à vouloir du bien à autruy demeure obligé par toutes les promesses par quoy on témoigne son affection présente : On doit donc entandre & faire état que qui promet de la sorte délibére encore, & ainsi peut changer de sentiment de mesme que celuy à qui il promet peut de son côté changer de mérite. Or tandis qu'on délibére de quelque chose on y est libre : ce n'est donc pas auoir donné. Seulement si qnelqu'vn promettoit souuent sans donner, on pourroit s'en diuertir, & dire *Voilà le Donneur.*

CHAPITRE II.

IX. Ce que font deux hommes ou plusieurs qui se transportent reciproquement leurs droits, s'apelle *vn Contract.* Or en tout contract il faut de trois

La définition du Contract, & celle du Pacte.

C ij

choses l'vne, ou que chaque contractant tiene d'abord ce qu'il promet, sans credit, & sans qu'aucun se fie à autre : ou que l'vn tiene & se fie : ou qu'aucun ne tiene. S'ils s'acquittent tous d'abord, voilà leur contract finy si-tôt qu'on s'est acquité : mais quand on s'y fie à l'vn, celuy à qui l'on se fie, à qui l'on croit, & fait credit, promet de tenir parole aprés cela, & cette promesse s'apelle *vn Pacte*.

Aux Pactes on transporte son droit par paroles de futur.

x. Mais quand en prenant credit on fait pacte auec vn autre qui s'aquitte, quoy qu'on promette seulement par paroles de futur, on n'y transporte pas moins son droit, que si c'étoit par paroles de présent ou de passé. De vray celuy qui s'acquite fait bien voir par là qu'il prend la promesse de l'autre, cóme d'vn homme voulant s'acquiter aussi au temps accordé entre eux : Celuy donc qui prend credit voit qu'on l'entend de la sorte, & ne disant rien au contraire, montre vouloir que cela soit : & c'est pourquoy les promesses qu'on fait pour vn bien receu, (lesquelles sont aussi des Pactes,) sont signes de la volonté, ie veux dire, selon que i'ay expliqué au Traité de l'homme, qu'elles sont signes de ce dernier acte de déliberer, par lequel on s'ôte la liberté de ne s'acquiter point, d'où il suit qu'elles obligent, veu que l'obligation commençe où la liberté prend fin.

Les Pactes de bonne foy ou foy mutuëlle sont en vain & inualides dans

x1. Mais dans l'Etat de Nature les pactes des contracts où l'on se fie l'vn de l'autre vienent à estre inualides, si l'vn ny l'autre ne s'y étant acquité l'vn vient à auoir sujet de se défier * de l'autre. Car de

DE LA POLITIQVE.

tenir sa parole le premier, quand les hommes pour la plus part ne cherchent qu'à profiter comment que ce soit, ce seroit se rendre la proye de celuy auec qui l'on contracteroit : & il n'est pas raisonable que l'vn s'acquitte le premier, à moins qu'il y ait apparence que l'autre s'acquite apres. Or de juger s'il est vray-semblable ou non que l'autre s'acquitte aussi, c'est à faire à celuy qui craint, comme i'ay fait voir dans l'article neufiéme du Chapitre précedent. Mais c'est pour l'Etat de Nature, & non pour l'Etat Ciuil : Car y ayant vne fois vne puissance établie à contraindre qui contracte, celuy qui par le contract est le premier à s'acquitter le doit faire le premier; & quand l'autre peut estre contraint, il n'a pas à crainde qu'il luy manque de parole.

CHAPITRE II. l'Etat de Nature, mais non dans l'Etat Ciuil.

* Voyés les Remarques.

XII. Or de ce qu'en toute donation & pactes il faut qu'on accepte le droit transporté, il s'ensuit qu'on ne sçauroit faire de pacte auec celuy qui ne donne pas à conoître qu'il accepte. On ne sçauroit donc faire de pacte auec les bétes-brutes, ny leur ôter ou attribuër aucun droit; & cela pour leur defaut de langage & d'entandement : & l'on ne peut faire de pacte ny de *veu à Dieu*, qu'entant qu'il luy à pleu de subroger & mettre en sa place par la sainte Ecriture, gens ayans droit d'examiner & accepter tels veux & pactes.

On ne sçauroit faire de pacte, ni auec les bétes, ny auec Dieu sans réuelation.

XIII. Ainsi dans l'Etat de Nature dans lequel on n'est tenu à aucune loy ciuile, en vain fait-on de veu à Dieu, sinon que par réuelation tres certaine on conoisse que Dieu l'accepte. Car ou ce qu'on vouë

Ny vouër à Dieu autrement.

C iij

est contre la loy de Nature, & nul n'est tenu à chose illicite : ou quelque loy de Nature prescrit ce qu'on a voüé, & en ce cas c'est cette loy & non le veu qui y oblige : ou enfin si plûtôt que de voüer il étoit libre de faire on ne faire pas, on y est libre encore aprés, puis que pour étre obligé il faut que celuy à qui on s'oblige accepte, & déclare sa volonté; Ce que dans le cas présent nous supposons qui ne soit pas.

On ne s'oblige par Pacte qu'à faire son possible.

XIV. On ne fait de pacte que des actions qui tombent en déliberation : car il n'y a point de pacte que de la volonté de qui le fait; & la volonté est le dernier acte qu'on fait quand on délibére. *Les pactes donc ne sont que de choses possibles & à venir*; & c'est pourquoy on ne peut s'obliger par aucun pacte à l'impossible. Or comme assez souuent on fait pacte de choses qui semblent possibles quand on les promet, & qu'on trouue aprés cela qui ne le sont pas; on n'est pas quitte pour cela de toute obligation. Dont la raison est que qui promet vn bien auenir incertain, reçoit vn bien fait présent, à condition de le rendre. Car celuy qui fait le bien fait présent n'a simplement pour objet de sa volonté qu'vn bien aussi grand qu'étoit la chose promise, & non simplement la chose promise, mais seulement s'il se peut. Si donc il arriue que mesme cela ne se puisse, on doit au moins s'acquiter d'autant qu'il se peut : & ainsi les pactes n'obligent pas absolûment à la chose promise, mais seulement au plus qu'on y pourra, quand c'est là la seule chose qui soit en nôtre pouuoir.

XV. On est *liberé de son Pacte*, soit qu'on tiene ce qu'on a promis, ou que celuy à qui on doit le remettre. Car qu'on tiene ce qu'on a promis, on ne s'est obligé qu'à cela : & que *le Creancier* le remette, il fait donc par ce moyen que le droit qui auoit passé de son débiteur à luy, passe derechef de luy à son *Débiteur* : car c'est ce qu'on nomme rémettre. Le remettre comme on void par le mot *latin pour cela est faire vne donation : & ainsi par l'article quatriéme de ce Chapitre içy, c'est faire vn transport de droit à celuy à qui l'on remet.

CHAPITRE II.
Par quels moyens on est quitte de ses Pactes.

Condonare.

XVI. On demande communement si les pactes qu'on fait par crainte obligent ou non. Par exemple si pour me sauuer des mains d'vn voleur ie luy promets de luy compter mil écus le lendemain, & ne rien faire contre luy au moyen dequoy on puisse le mettre en justice ; On demande si ie suis tenu ou non à garder cette parole. Or encore que bien souuent tels pactes soient inualides, cela ne vient pas pourtant de ce qu'on les a faits par crainte ; Autrement les pactes seroient inualides, au moyen desquels on s'assemble en vn Etat & Societé ciuile, à garder certaines Loix, quand c'est de crainte d'en venir aux mains, & se tuër les vns les autres qu'on se soûmet au gouuernement d'autruy : Mesmes à ce compte là il seroit contre raison de se fier au captif qui promettroit rançon. Disons donc en general que *tout Pacte oblige, auquel il est permis de promettre, & qu'on promet chose permise.* Or il est loisible de promettre pour sauuer sa vie ; & ie puis donner

Les promesses faites par force & crainte de la mort sont dans l'Etat de Nature bonnes & valides.

du mien ce qu'il me plaira, mesmes à vn voleur: Les pactes donc faits par crainte obligent, s'il n'y a quelque Loy ciuile au contraire, qui rende illicite ce qu'on y promet.

Tout pacte en suitte d'vn autre qu'il contre dit est inualide.

XVII. Quand on a promis à quelqu'vn de faire ou ne faire pas, & qu'on fait pacte du contraire auec vn autre, ce second pacte est en vain. Car dés-là qu'on a transporté à quelqu'vn son droit de faire ou ne pas faire, on n'a plus ce droit : on ne sçauroit donc le transporter à vn autre par vn second pacte, & ainsi on luy promet ce qu'on n'a nul droit de promettre. On void donc qu'on est tenu seulement aux premiers pactes qu'il n'est pas loisible d'enfraindre.

Le pacte est nul & inualide de ne resister point à qui nous offance en nôtre corps.

XVIII. Nul ne peut s'obliger par pacte à ne resister point à qui viendra pour le tuër, ou l'offançer en son corps. Car il n'y a personne au monde qui ne craigne peu ou prou : & quand nous imaginons le mal qu'on nous va faire comme le plus grand de tous, il est à croire que nous le fuyons par necessité de nature autant qu'il est en nôtre pouuoir, & ne sçaurions faire autrement. Quand donc on est au degré de crainte le plus grand qu'on ait en soy, il n'y a point de doute qu'on ne cherche à se sauuer, soit en fuyant, ou en son corps defendant. Comme donc on n'est point tenu à l'impossible, on n'est obligé de souffrir ny la mort (le plus grand de tous les maux de Nature,) ny autre grand mal, tel que de se voir blesser, ou estropier, à quoy on n'ait pas assez de constance. D'ailleurs on se fie à celuy qui s'est

DE LA POLITIQVE. 25

s'eſt obligé par pacte; & cela parce que la foy ſeule eſt le lien des pactes: & cependant nous voyons qu'on tient liez & garrottez au milieu de ſoldats & ſatellites les gens qu'on mene au ſupplice, ſoit capital ou autre moindre; ce qui fait voir qu'euſſent ils donné parole de ne ſe defendre point, on ne les y croit pas tenus. C'eſt autre choſe que ie die, *Si tel iour ie ne fais telle choſe tüez moy*, autre choſe que ie die, *Si ie ne le fais & que vous me veuilliez tuër ie ne l'empécheray point*. Tout le monde fait au beſoin le premier de ces deux pactes, & quelquefois il le faut; mais nul ne fait le ſecond, & iamais il n'eſt beſoin : Car dans l'Etat que i'apelle de Nature, s'il vous plait de tuër vous le pouuez, qui auez droit ſur toutes choſes, & ainſi il n'eſt point beſoin pour cela qu'on vous ait trompé: & dans l'Etat Ciuil où tout droit de vie & de mort apartient en propre à l'Etat, on n'a plus ce droit à donner. Auſſi il n'eſt point beſoin que l'Etat pour punir quelqu'vn luy demande ſa parole, qu'il ne l'empéchera point, mais ſeulement que perſonne ne défande celuy qu'on deura punir. Que ſi dans l'Etat de Nature, tel que celuy de deux Etats ſouuerains, on fait pacte de tuër pour certaine omiſſion, il eſt cenſé qu'auant cela on ait fait pacte de ne tuër point auant certain iour: Quand donc ce terme eſt écheu, ſi l'on n'a pas tenu parole on eſt en guerre comme auant le pacte; & quand par le droit de guerre tout eſt loiſible de part & d'autre, il l'eſt auſſi de reſiſter. Enfin par le pacte que i'ay dit de n'empécher pas qu'on nous tuë, on

D

s'obligeroit à choisir celuy de deux maux présents qu'on jugeroit le plus grand, car le mal est plus grand de mourir que de se deffandre : Mais qui choisit de deux maux ne sçauroit choisir le plus grand : Ce seroit donc s'obliger à l'impossible : ce qui repugne à la Nature des pactes.

Et celuy de s'accuser soy mesme.

XIX. De mesme on ne peut s'obliger à s'accuser soy-mesme ou personne, qu'il seroit facheux de voir condamner sur sa déposition. Le pere donc n'est pas tenu d'estre témoin contre son fils, ny le mary contre sa femme, ny la femme contre le mary, ny le fils contre le pere, ny personne contre personne qui luy fournisse alimens : car le témoignage est en vain qu'il est censé que la Nature corrompe. Cependant quoy que nul ne soit tenu de s'accuser, il peut être contraint à répondre sur le banc de la question : mais ces responses ne sont pas preuves du fait, & ne font qu'ouurir des moyens de preuue, & ainsi on a droit d'y répondre tout ce qu'on voudra vray ou faux, ou n'y répondre rien du tout.

La définition du Serment.

XX. Le Serment est la déclaration qu'on fait en ajoûtant à sa promesse ; Qu'au cas qu'on y manque on renonce expressement à la misericorde de Dieu. Ie tire cette défintion de termes tels que ceux-cy qui contienent l'essence du serment, *Ainsi Dieu me soit en ayde*, & d'autres pareils, tels que ceux dont se seruoient les Romains : *Nous te prions Iupiter que tu fasses perir qui trompera, comme on assomme cette laye*. Et ce qu'on dit n'est pas con-

DE LA POLITIQVE. 27

tre; Que le ferment fert non-feulement à promettre mais à affirmer; puis que confirmer par ferment ce qu'on affure eft feulement le garantir véritable. Auffi qu'en diuers païs on ait veu les Sujets jurer par leur Roy; c'eft que ces Rois vouloient des honneurs diuins. Aprés tout ce qu'on vfe de ferment vient de ce qu'on a crû pouuoir retenir par là, & c'eft à dire par la crainte de la puiffance Diuine, ceux qui ne craindroient pas affez d'ailleurs de ne pas tenir parole.

CHAPITRE. II.

XXI. Il fuit de là que le ferment foit conçeu dans les manieres de jurer de celuy qui prend à ferment, puis qu'en vain contraindroit-on perfonne à jurer par vn Dieu qu'il ne croiroit point, & qu'ainfi il n'auroit garde de craindre. Car bien que par la lumiere naturelle on puiffe fçauoir que Dieu eft: celuy qui jure pourtant ne croit pas jurer par luy en autre forme, ou fous autre nom que fous celuy que luy donne la Religion qu'il profeffe, & fait état qui foit la bonne.

Le ferment doit eftre conceu dans les manieres de jurer de celuy qui prendra ferment.

XXII. De cette definition du ferment on peut entandre que le pacte qu'on apelle nud n'oblige pas moins que celuy qu'on a juré de tenir. Car c'eft le pacte qui lie; Le ferment regarde le châtiment de la part de Dieu, qu'en vain prouoqueroit-on s'il n'étoit illicite de violer fon pacte; & il ne le feroit pas fi le pacte n'obligeoit. D'ailleurs ce n'eft point s'obliger à eftre puny que de renoncer à la mifericorde de Dieu, puis qu'il eft toufiours loifible de luy demander pardon, & d'en iouïr fi on l'obtient. C'eft

Le ferment n'ajoûte rien à l'obligation venuë du pacte.

D ij

donc là le seul effet du serment, *Que l'homme enclin naturellement à ne pas garder parole ait plus à craindre d'y manquer de ce qu'il aura juré.*

On ne doit vouloir de serment que de qui pourroit manquer de parole sans qu'on le sçeût, ou Dieu seul l'en châtier.

XXIII. Ce seroit faire au delà de ce qu'on doit pour sa deffançe que d'exiger vn serment de qui ne sçauroit manquer de parole sans qu'on le sçeût, & quand on est assez fort pour s'en vanger; & par là on feroit voir qu'on voudroit moins son propre bien que le mal d'autruy. Certes on voit par les formules du serment qu'il tend à prouoquer l'ire de Dieu, & c'est à dire *du Tout-Puissant*, contre qui fausseroit sa foy, comme se sentant assez fort pour n'en estre pas puny, & *du Tout-Sçauant*, contre qui la violeroit dans l'esperance que personne n'en sçeût rien.

DE LA POLITIQUE. 29

CHAPITRE III.

LES ELEMENS DE LA POLITIQVE.

CHAPITRE TROISIESME.

Des autres Loix de Nature.

I. *La seconde Loy de Nature* Qu'on tiene parole. II. Qu'on la tiene à tout le monde sans exception. III. *Ce que c'est qu'vne Injure.* IV. *On ne peut faire d'injure à personne si l'on ne contracte auec luy.* V. *Distinction de la* Iustice *en celle des hommes, & celle des actions.* VI. *Examen de la Distinction de la Iustice en commutatiue, & distributiue.* VII. *On ne fait point d'injure à qui le veut bien.* VIII. *Troisième Loy de Nature*, contre l'ingratitude. IX. *Quatrième Loy de Nature*, de se rendre commode à autruy. X. *Cinquième Loy de Nature*, de la misericorde. XI. *Sixième Loy de Nature*, Qu'en tout châtiment on n'ait égard qu'à l'auenir. XII. *Sétième Loy de Nature*, contre les outrages. XIII. *Huitième Loy de Nature*, contre la Superbe. XIV. *Neufuiéme Loy de Nature*, de la Modestie. XV. *Dixiéme Loy de Nature*, de l'equité ou contre l'acception des personnes. XVI. *Onziéme Loy de Nature*, des choses qu'on doit auoir en commun

D iij

XVII. *Douziéme Loy de Nature*, qu'on tire au sort les lots d'vn partage. XVIII. *Treiziéme Loy de Nature*, du droit d'ainesse & du premier occupant. XIX. *Quatorzieme Loy de Nature*, des seuretés pour les Mediateurs de paix. XX. *Quinziéme Loy de Nature*, qu'on s'accorde d'Arbitres. XXI. *Seiziéme Loy de Nature*, que nul ne soit juge en sa propre cause. XXII. *Dix-septiéme Loy de Nature*, que les Arbitres n'ayent rien à esperer des parties. XXIII. *Dix-huitiéme Loy de Nature*, des Témoins. XXIV. *Dix-neufiéme Loy de Nature*, qu'on ne fasse point de pacte auec son Arbitre. XXV. *Vintiéme Loy de Nature*, contre la Crapule, & ce qui trouble la Raison. XXVI. *Regle pour conoitre d'abord si ce qu'on va faire est contre la Loy de Nature.* XXVII. *Les Loix de Nature n'obligent que pour le fore interieur.* XXVIII. *On peut agir selon les Loix de Nature, & neanmoins les violer.* XXIX. *Les Loix de Nature sont immuables.* XXX. *C'est être juste que de tacher d'accomplir la Loy de Nature.* XXXI. *La Loy de Nature est la mesme que la Loy Morale.* XXXII. *D'où vient que ce que i'ay dit icy des Loix de Nature, n'est pas le mesme que ce que les Philosophes ont enseigné des Vertus.* XXXIII. *A proprement parler la Loy de Nature n'est Loy qu'entant qu'elle nous est donnée dans l'Escriture sainte.*

La seconde Loy de Nature qu'on tiene parole.

I. LA seconde Loy speciale de Nature est *qu'on garde ses pactes*, qui veut dire *tenir parole, & garder sa foy.* Car i'ay fait voir au Chapitre précédent, que la Loy de Nature ordonne comme vne chose nécessaire à faire la paix, qu'on se transporte les vns les autres parties de ses droits, & que cela s'apelle pacte quand on le fait pour l'auenir. Or cela aide à la paix, en ce que de vray nous faisons ou obmettons ce que nous promettrons par pacte de faire ou obmettre: Promesses qu'on feroit en vain si on ne les tenoit pas. Quand donc pour auoir la Paix il faut qu'on garde ſes pactes & ſa foy, c'eſt par l'article ſecond du Chapitre deuxiéme, vn precepte de la Loy de Nature.

CHAPITRE III.

11. Et il n'y a point en cela d'exception pour les perſonnes auec qui nous pactiſons ; par exemple qu'ils ne tienent point parole à autruy, & ne s'y croyent pas obligez, ou qu'ils ont quelque autre défaut. Car des-là qu'on fait vn pacte, on donne aſſez à entendre qu'on fait état que ce ne ſoit pas en vain, & il feroit contre raiſon de faire ce qu'on jugeroit en vain : Mais auſſi ne ſe croire pas obligé à garder vn pacte eſt croire ce pacte en vain : Si donc on faiſoit vn pacte, & qu'on ne ſe crût pas obligé à le garder, on croyroit tout à la fois ce pacte en vain & non en vain : Ce qui feroit ſe contredire : Il faut donc de deux choſes l'vne, ou tenir parole à qui que ce ſoit, ou ne luy promettre rien ; ce qui eſt ou luy faire guerre ouuerte, ou luy garder vne bonne & ſeure Paix.

Qu'on la tiene à tout le monde ſans exception.

III. Qu'on viole ſon pacte, ou qu'on redemande ce qu'on a donné cela s'apelle *faire injure* à quoy il faut neceſſairement quelque action ou omiſſion. Or on apelle *injure* cette action ou omiſſion & ainſi vne injure & vne action ou omiſſion injuſte ſignifient la meſme choſe qui eſt de violer ſon pacte & ſa foy. Et il ſemble qu'on ait appellé injures telles actions & omiſſions en ce qu'on n'y a pas de droit (le Latin le dit en vn * mot où l'on void l'etimologie) & on n'y a pas de droit, parce que

Ce que c'eſt qu'vne injure.

* Sine jure.

qui fait ou obmet auoit tranſporté ſon droit. Et l'injure a en cela quelque choſe de pareil à ce que dans les Ecoles on appelle *abſurde*. Car comme on eſt reduit à l'abſurde de ce qu'on eſt contraint par arguments à nier ce qu'on auoit ſoutenu : Auſſi c'eſt faire vne injure que de faire ou obmettre pour ne ſçauoir ſe moderer ce qu'auparauant on auoit promis par pacte de ne pas faire ou ne pas obmettre. Et l'on ne s'y contredit pas moins que quand on eſt reduit à l'abſurde dans l'Ecole. De vray on veut par ſon pacte que l'action qu'on promet ſoit, & de ce qu'on ne la fait pas on veut qu'elle ne ſoit pas. On veut donc tout à la fois qu'elle ſoit & ne ſoit pas : en quoy la contradition eſt toute viſible. L'injure donc pour ainſi dire eſt comme vne eſpece d'abſurde dans la conuerſation; ainſi que l'abſurde eſt comme vne eſpece d'injure dans la diſpute.

On ne peut faire d'injure à perſonne ſi l'on ne contracte auec luy.
* *Voyés les Remarques.*

IV. Il ſuit de là qu'on ne peut faire injure * à perſonne qu'on n'ait fait pacte auec luy. Il y a donc à diſtinguer *entre le domage & l'injure*. Car ſi le Seigneur commande à l'Eſclaue, qui s'eſt obligé par pacte à luy obeïr, de compter argent à vn tiers ou luy rendre autre ſeruice, & que l'Eſclaue ne le faſſe pas ; c'eſt domage pour ce tiers, mais injure au Maiſtre ſeul : Et de meſme dans l'Etat Ciuil, qu'on nuiſe à quelqu'vn à qui on n'a rien promis c'eſt mal qu'on luy fait & domage ; mais l'injure ne regarde que le Souuerain de l'Etat. Et de vray ſi l'homme ſouffrant domage ſe plaignoit que l'autre

tre luy fait injure celuy-cy auroit droit de luy tenir vn tel difcours que ceçy. *Que me reprochés vous donc? & pourquoy plûtôt faire à vôtre gré qu'au mien, qui ne vous impéche point de faire ce qu'il vous plaira.* Difcours où ie ne voy rien à redire quand on ne s'eft rien promis.

v. Les noms de *jufte* & d'*injufte* font equiuoques, auffi bien que ceux de *iuftiçe* & d'*injuftiçe*; & fignifient autre chofe quant aux perfonnes, autre quant aux actions. Quand on parle des actions on apelle iufte & de iuftiçe tout ce qu'on fait auec droit, & injufte l'action où il y aura de l'injure, & qu'on aura faite fans droit: Et c'eft pourquoy on n'apelle pas jufte mais feulement innocent celuy qui fait chofes iuftes; ny homme iniufte mais coupable, celuy qui en fait d'iniuftes. Mais quand on parle des perfonnes, eftre iufte eft s'étudier à agir toûiours iuftement, fe plaire à garder la iuftiçe en toutes chofes, tafcher de faire toûiours ce qu'on iuge qui foit iufte: Et eftre iniufte eft négliger la Iuftice, & croire qu'au lieu de la mefurer à fa parole on le puiffe à fa commodité préfente. Or à ce compte voylà de deux fortes de iuftiçe & d'iniuftiçe, celle de l'homme à confiderer fes motifs & intentions, & celle des actions ou omiffions de l'homme, à n'y confiderer autre chofe que ce qu'il fait ou obmet. L'homme iufte peut faire beaucoup d'actions iniuftes, & l'iniufte beaucoup de iuftes. Mais on doit apeler iufte, celuy qui fait actions iuftes afin de garder la Loy, & ne commet d'iniuftiçe que par

Diftinction de la Iuftiçe *en celle des hômes & celle des actions.*

E

fragilité : Et au contraire homme iniuste celuy qui ne fait rien de iuste que pour la peine que porte la Loy, & fait actions iniustes de propos délibéré comme étant vn méchant homme.

Examen de la Distinction de la iustice en Commutatiue & Distributiue.

VI. On distingue communement la iustice des actions en deux especes qu'on nomme *Commutatiue & Distributiue*, & dont on dit que la premiere consiste en raison ou proportió Arithmétique, & l'autre en Geométrique. La premiére à ce qu'ils disent a lieu en matiére d'échanges & trocques, de ventes, achapts, emprunts, acquits de debte, locations, tant directes que contraires, & en autres tels Contracts ausquels il faut rendre au iuste autant pour autant, en quoy consiste disent-ils la Iustice Commutatiue. Et la seconde selon eux est celle par quoy on rend à chacun selon ses merites, de sorte qu'en donant plus au plus digne, & moins à qui merite moins, c'est là la iustice Distributiue. Ie ne trouue içy autre chose que cette certaine distinction d'égalité, qu'il y ait vne égalité qu'on apelle purement & simplement égalité, comme quand on compare entre-elles deux choses de mesme prix par exemple vne liure d'argent auec douze onces de pareil argent, & qu'il y ait vne égalité selon certaines choses, comme quand on a mille francs à distribuër à cent hommes, & qu'on en donne six cents à soixante, & quatre cents à quarante : où l'on void qu'il n'y a point d'égalité entre les six cents liures & les quatre cents, & qu'auec cela pourtant comme l'inegalité y est la mesme qu'entre les deux nombres d'hommes à qui

DE LA POLITIQVE.

CHAPITRE III.

on les distribuë, il se trouue que chacun en a autant que son compagnon ; qu'ainsi on distribuë également, & on égale ce qu'on donne ; en quoy consiste la raison & proportion Geometrique, laquelle de vray n'est autre chose qu'vn tel également & égalité. Mais à quoy bon tout cela à propos de la justice? Car que ie vende au plus haut prix ce qui est à moy, ie n'y fais nul tort & injure à l'acheteur, qui le veut bien, & m'en prie : & quand distribuant mon bien i'en donneray plus à qui aura moins gagné, pourueu que d'ailleurs ie tiene à chacun ce que ie luy auray promis, ie n'y fais tort à personne, comme enseigne *Nôtre Seigneur Iesus Christ* luy-mesme, & qu'on void dans l'Euangile. Quand donc on distingue de la sorte ce n'est pas de deux espeçes de justice, mais deux sortes d'égalité. Cependant on ne peut nier que la iustice ne soit vne égalité, quand elle consiste en cela, qu'étant tous égaux par Nature, aucun ne s'attribuë plus de droit qu'à autruy, s'il ne se l'est acquis par pactes. Et c'est ce que i'auois à dire contre cette certaine distinction de la iustice, quoy que generalement reçeuë : qu'on ne s'aille pas imaginer que l'iniure soit autre chose que de violer sa foy, & ses pactes, ainsi que i'ay définy.

VII. C'est vn vieux Prouerbe, *Qu'on ne fait point d'injure à qui le veut bien* : mais voyons si de nos principes on peut déduire la verité de ce prouerbe. Qu'on ait donc fait à quelqu'vn, luy le voulant bien ce que neantmoins il tient à iniure, on a donc fait ce que par pacte il n'étoit plus loisible de faire : mais quand il veut bien qu'on fasse ce qui par pacte n'étoit

On ne fait point d'injure à qui le veut bien.

E ij

plus loisible cela rend le pacte nul, ainsi que i'ay expliqué dans l'article quinziéme du Chapitre precedent: on est donc rentré dans son droit de faire, & ainsi on fait auec droit; & par conséquent ce n'est pas là vne iniure.

VIII. Le troisiéme précepte de la Loy de Nature est *de ne pas souffrir que celuy qui se fie en nous à nous preuenir par bons offiçes, se rende par là de pire condition*: ie veux dire qu'il ne perde pas le bien fait; & qu'on ne reçoiue iamais de bien-fait, qu'auec dessein de tascher de faire, que celuy dont on le reçoit n'ait pas sujet de s'en repentir. Certes à moins que cela il seroit contre raison de preuenir autruy par bien-faits qu'on verroit qui seroient autant de perdu. Il n'y auroit donc entre les hommes ny bienfaits ny confiançe, ny raison de bien-veillançe; on ne se secourroit point; on ne se feroit point d'amis; & ainsi on demeureroit dans l'état de la guerre vniuerselle, ce que i'ay fait voir qui est contre la Loy fondamentale de Nature. Or quand toute injure consiste en ce qu'on manque de parole; & que nous supposons içy, qu'entre celuy qui fait du bien & celuy qui le reçoit il n'y ait point eu de pacte; Si celuy qui le reçoit ne garde pas cette Loy, nous ne dirons pas qu'il ait fait iniure à l'autre: mais quand le bien-fait & la gratitude se rapportent l'vn à l'autre, nous dirons que c'est vn ingrat.

IX. Le quatriéme précepte de Nature est, *Qu'on se rende commode à autruy*. Pour entandre ce précepte il faut remarquer que les hommes pour leur diuersité d'esprit, qui vient de leurs diuerses humeurs

Troisiéme Loy de Nature, contre l'ingratitude.

Quatriéme Loy de Nature, d'estre commode à autruy.

DE LA POLITIQVE.

CHAPITRE III.

& inclinations ne font pas plus propres entre eux à faire focieté, que des pierres de diuerffes matiéres & de diuerffes figures le feroient à compofer vn édifice, quand donc on reiette la pierre comme mal propre & peu commode, laquelle pour fa figure raboteufe a plufieurs angles, ôteroit plus de lieu aux autres, qu'elle n'en occuperoit, & que pour étre trop dure, mal aifément pourroit on bien mettre en œuure: On tient auffi pour incommode & fafcheux tout homme rude & inégal, qui pour fe garder le fuperflu, ôte le néceffaire aux autres, & que pour fa dureté de cœur on ne fçauroit en corriger. Maintenant puis qu'on fuppofe que chacun s'efforçe de tout fon pouuoir non feulement auec droit, mais mefmes par néceffité de Nature d'auoir les chofes néceffaires pour fa conferuation: fi quelqu'vn vient s'y oppofer pour des chofes fuperfluës, c'eft par fa faute que vient la guerre quand il eft le feul que rien n'obligeoit à brouïller. Il fait donc contre la Loy fondamentale de Nature: D'où fuit ce que i'ay deu prouuer, que c'eft vn précepte de Nature que de fe rendre commode à autruy. On peut apeller *homme incommode & fafcheux* qui viole cette Loy, quoy que Ciceron comme ayant égard à cette mefme Loy, oppofe l'homme *inhumain* à l'homme *commode*.

x. Le cinquiéme précepte de la Loy de Nature eft *Qu'on pardonne le paffé à qui en demande pardon & s'en repant & qu'on fe contente de prendre fur luy fes feuretez pour l'auenir.* Le *pardon* du paffé ou la remiffion de l'offance eft la *Paix* que nous accor-

Cinquiéme Loy de Nature, de la mifericorde.

E iii

dons à qui la demande, & se repant de nous auoir prouoqués à *Guerre* : Car la paix que l'on accorde à qui ne se repant pas, mais garde son cœur d'ennemy, & sans donner de seuretés pour l'auenir ne cherche qu'à prendre son temps, n'est pas vne paix, mais crainte ; & par conséquent nature ne l'ordonne point. Au reste ne pardonner pas à qui se repantiroit, & donneroit des seuretés pour l'auenir seroit ne vouloir point de paix : Ce qui est contre la Loy de Nature.

Sixième Loy de Nature qu'en tout châtiment on n'ait égard qu'à l'auenir.

x i. Le Sixiéme précepte de la Loy de Nature est *Qu'en toute vangeançe & punition, on n'ait pas égard au mal passé, mais seulement au bien à venir.* Ie veux dire qu'il n'est permis de châtier que pour corriger le coulpable, ou les autres par son exemple. Cecy se confirme premiérement de ce que par la Loy de Nature on est tenu de pardonner à autruy, pourueu qu'on y ait ses seuretés pour l'auenir, comme i'ay fait voir dans l'article précédent : Et en second lieu parce que la vangeance eu égard au passé seul n'est qu'vn triomphe, & vne gloire qui ne regarde aucune fin, (car elle ne regarde que le passé & toute fin est à venir:) Or ce qu'on ne raporte à aucune fin est *en vain* : la vangeance donc qui ne regarde point l'auenir vient de *vaine- gloire*; & ainsi elle est contre raison. Mais qu'on offançât autruy contre raison cela causeroit la guerre (ce qui est contre la Loy fondamentale de Nature :) c'est donc vn précepte de la Loy de Nature *Qu'en tout châtiment on ne pourvoye pas au passé mais à l'auenir.*

DE LA POLITIQVE

L'infraction de cette Loy est ce qu'on nomme *crüauté*.

XII. Et quand tous signes de haine & de mépris animent sur toutes choses à prendre querelle, & se battre ; jusques là qu'on void des gens qui ayment mieux perdre non seulement la paix mais la vie que de souffrir vn affront : il suit en setiéme lieu *Que la Loy de Nature deffend, de donner à conoitre à autruy soit par paroles ou actions, à son ayr, en sous riant, ou autrement que ce soit qu'on le méprise.* Violer cette Loy, est ce qu'on appelle faire *affront*, & faire *outrage*. Et qu'on voye tant qu'on voudra de gens de conditions faisans outrage à moindre qu'eux ; & sur tout des juges insultant aux Criminels, & en faisants des railleries qui ne sont bonnes à rien, ny pour le crime commis, ny pour le deu de leurs charges : Tous ces gens-là font pourtant contre la Loy de Nature ; & on doit les tenir pour des *querelleux*.

XIII. La question d'entre deux hommes, à sçauoir lequel des deux on doit estimer le plus, ne regarde pas l'Etat de Nature, mais seulement l'Etat Ciuil. Car i'ay fait voir cy-dessus dans l'article troisiéme du Chapitre premier, que tous les hommes sont égaux entre eux par Nature, & qu'ainsi l'inégalité qu'on y voit par exemple pour les richesses, la puissance, l'extraction, *leur vient de la Loy Ciuile*. Ie sçay qu'Aristote au premier liure de ses Politiques assure comme le fondement de toute la science Politique, que la Nature a fait les hommes, les vns pour commander, les autres pour obéir ; comme si ce n'étoit

CHAPITRE III.
Setiéme Loy de Nature contre les outrages.

Huictiéme Loy de Nature, contre la superbe.

pas le consentement des hommes qui eût fait le Maiſtre & le Valet, & que cela vint de ce qu'ils y ſont nais propres, ie veux dire de leur ſcience ou ignorance naturelle. Mais ce fondement eſt non ſeulement contre raiſon, comme i'ay fait voir cy deſſus, mais contre l'expérience : car il n'y a preſque perſonne au monde ſi ſtupide qui ne trouuât plus à propos de ſe gouuerner ſoi meſme que de l'eſtre par autruy ; & quand les plus Sages ſont en démelé auec les plus forts, les premiers n'ont guere acoûtumé de vaincre. Soit donc que les hommes ſoient par Nature égaux entre eux, il faut y reconoître cette égalité : & fuſſent ils inégaux, quand ils doiuent diſputer du commandement, il faut pour le bien de paix qu'on les tiene tous égaux. C'eſt donc en huictiéme lieu vn précepte de la Loy de Nature, *Qu'on tiene tout homme égal par Nature à tout autre.* La *Superbe* eſt contraire à cette Loy.

Neuuiéme Loy de Nature, de la Modeſtie.

XIV. Comme il étoit néceſſaire qu'vn chacun pour ſe conſeruer ſe départît de quelques droits : Auſſi faut il que pour cela meſme il retiene de ſes droits, c'eſt à ſçauoir de ſe defendre, d'vſer librement de l'air, de l'eau, & des autres choſes néceſſaires à la vie. Comme donc ceux qui ſont paix entre eux retienent beaucoup de droit en commun, & en acquerent beaucoup d'autres en leur particulier, de là vient ce précepte neuuiéme de la Loy de Nature ; *Qu'vn chacun accorde à tout autre les meſmes droits qu'il veut pour ſoy.* Sans cela il rendroit en vain l'égalité reconnuë dans l'article précedent : car dés-là qu'on

reconoit

reconoît cette égalité de personnes qui vont faire société, on doit leur attribuër choses égales, puis que sans cela rien ne les obligeroit à faire société; & qu'on rende choses égales à personnes égales, c'est garder la proportion. L'obseruation de cette Loy s'appelle donc *Modestie*; comme son infraction s'appelle d'vn mot Grec *Pléonexie* : & qu'on nomme d'vn nom Latin ceux qui la violent *Immodiques* ou autrement *Immodestes*.

xv. En dixiéme lieu la Loy de Nature veut, *Que qui doit rendre Justice ne fasse faueur à personne*. La Loy précédente defendoit de s'attribuër plus de droit qu'aux autres ; on peut s'en attribuër moins si l'on veut, & quelquefois c'est modestie: Mais où il s'agit de distribuër leur droit à d'autres, on doit rendre à chacun le sien, faire vn passe-droit pour l'vn est ne garder pas l'égalité naturelle, & mesmement outrager l'autre: & i'ay fait voir cy-dessus, que faire outrage est violer la Loy de Nature. L'obseruation de ce précepte s'apelle *équité*; qu'on le viole, c'est *acception de personnes*: le Grec dit tout en vn mot.*

Dixéme Loy de Nature, de l'équité, ou contre l'acceptation des personnes.

*Prosopolipsie.

xvi. De la Loy que ie viens de dire se tire l'onziéme Loy, *Que s'il se peut on ait par indiuis, & en commun ce dont on deura iouïr qu'on ne sçauroit diuiser: que s'il y en a assez, on en prene tant qu'on voudra: sinon, que ce soit auec mesure, & selon qu'on sera de gens en ayans l'vsage*: Et c'est qu'autrement on ne sçauroit garder l'égalité que i'ay fait voir dans l'article précédent, que commande la Loy de Nature.

Onziéme Loy de Nature, des choses qu'on doit auoir en commun.

F

XVII. Aussi si la chose est telle qu'on ne puisse ny la diuiser, ny en ioüir par indiuis, la Loy de Nature veut (& ie compteray que c'est son précepte douziéme) qu'on fasse de deux choses l'vne : *Qu'on en vse chacun à son tour ; ou qu'on tire au sort à qui l'aura : & que si plusieurs en ont l'vsage, on tire au sort à qui sera le premier* : car c'est là le seul moyen d'y garder de l'égalité.

Douziéme Loy de Nature, qu'on tire au sort les lots d'vn partage.

XVIII. Il y a deux sortes de *sort*, l'Arbitraire & le Naturel. L'arbitraire est celuy dont s'accordent les parties, & depend purement du hazard, & comme on dit de la fortune. Le Naturel est *la primogeniture ou droit d'ainesse*, que les Grecs ont apellée *comme qui diroit donnée par sort, & qu'on soit le premier occupant. Ce donc qu'on ne sçauroit partager ny ioüir par indiuis, doit étre au premier qui s'en saisit: mesmement au premier né, si c'estoit des biens de son pere ; sinon que le pere luy mesme en eût transporté le droit à vn autre auparauant. Ie compte donc que c'est icy la treziesme Loy de Nature.

Treziéme Loy de Nature, du droit d'ainesse & du premier occupant.
Clironomie.

XIX. Son quatorziéme précepte est *Qu'on donne sauue-garde & sauf-conduit aux Mediateurs de Paix.* Car la raison qui ordonne aussi les moyens nécessaires à la fin : Or la raison ordonne en premier lieu la paix, & puis les moyens à la paix, sans quoy elle ne sçauroit estre. Mais il n'y auroit point de paix sans Médiateurs ; ny de Médiateurs s'ils n'estoient en seureté : La raison dicte donc, & c'est dire la Loy de Nature, *Que les Médiateurs de Paix soient en seureté.*

Quatorziéme Loy de Nature, des seuretez pour les Médiateurs de paix.

DE LA POLITIQVE.

CHAPITRE III.

XX. Au reste, puis qu'il est certain que les hommes s'accordassent-ils entre-eux de garder toutes ces Loix de Nature, & d'autres s'il y en a, il ne laisseroit pas de naistre tous les iours entre eux des doutes & des controuerses pour l'application de ces Loix à leurs actions : ie veux dire qu'on mettroit en question si ce qu'on auroit fait ou non seroit ou non contre la Loy,(ce qu'on nomme Question de Droit:) à raison dequoy les parties pourroient en venir aux mains, se croyans lezez : Il faut pour garder la Paix quand il n'y a point d'autre remede, que les deux parties s'accordent *d'vn tiers*, au iugement duquel ils s'obligent par pactes mutuels de s'en tenir. On apelle *Arbitre* celuy dont on conuient de la sorte. C'est donc là le quinziéme précepte de la loy de Nature, *Que quand on est en different on s'accorde d'vn Tiers pour Arbitre ; & qu'on en demeure à son iugement.*

Quinziéme Loy de Nature, qu'on s'accorde d'Arbitres.

XXI. Or de ce que les parties ont choisi ce Iuge & Arbitre à vuider leur different, il s'ensuit que l'Arbitre ne doit étre aucun d'eux. Car on fait état qu'vn chacun ne cherche naturellement ce qui luy est bon ; & seulement par accident & pour le bien de paix ce qui est iuste : Et qu'ainsi mal ayſément garderoit il si bien qu'vn Tiers l'egalité qu'ordonne la loy de Nature : Il est donc au seiziéme lieu de la loy de Nature *Que nul ne soit Iuge ou Arbitre en sa propre cause.*

Seiziéme Loy de Nature ; que nul ne soit iuge en sa propre cause.

XXII. Et il suit aussi de là en dix-setiéme lieu, *Que nul ne doit étre Arbitre à qui il doit preuenir de*

Dixsetiéme Loy de Natu-

F ij

l'honneur ou du profit de ce que l'vne des parties aura obtenu en cause : quand la raison y est la mesme que pour loy précédente.

Chapitre III.

re, que les Arbitres n'ayant rien à esperer des parties.

XXIII. Mais quand on dispute *du fait* ie veux dire si ce que l'vn asseure & l'autre nie auoir esté fait l'a esté ou non, la loy de Nature veut par l'article quinziéme, que l'Arbitre les en croye également, & qu'ainsi puis qu'ils asseurent des choses toutes contraires, il n'en croye ny l'vn ny l'autre. Il faut donc que pour prononcer du fait qu'il ne peut sçauoir autrement il en croye vn Tiers : ou vn Tiers & vn Quatriéme, ou plus que cela. Et ainsi la dix-huitiéme loy de Nature enjoint aux Arbitres & Iuges du fait, *que n'y ayant point d'autres preuues & signes certains, ils prononçent sur la déposition de témoins, sans reproche, & sans objet.*

Dix-huittié-me Loy de Nature, des témoins.

Dix-neuuié-me Loy de Na-ture, qu'on ne fasse point de pacte auec son Arbitre.

XXIV. On peut entendre aussi par la définition que i'ay donnée de l'Arbitre, qu'il ne peut y auoir de pacte ou promesse entre luy & les parties qui l'ont choisi pour Arbitre en vertu dequoy il soit tenu de prononcer pour l'vn plûtôt que pour l'autre, ou mesme de prononcer selon l'équité, ou ce qu'il jugera tel. Car l'Arbitre est obligé par la loy de Nature, que i'ay raportée dans l'article quinziéme, de rendre la Sentence qu'il croit de justice ; Et il ne se peut rien ajoûter par pacte à l'obligation de cette Loy : tel pacte donc seroit en vain. D'ailleurs si aprés auoir jugé on auoit droit de luy dire que ce fût iniustement, & qu'il deût soûtenir sa Sentence juste : on seroit encore en différent aprés la Sentence donnée, ce qui est contre l'établissement de l'Arbitre, puis qu'on s'est obligé de s'en tenir à son jugement. La loy de Nature ordonne donc (& c'est icy son dix-neuuiéme précepte) *Qu'il soit libre à l'Arbitre de juger, comme bon luy semblera.*

CHAPITRE. III.

XXV. Au reste, puis que les loix de Nature ne sont autre chose que ce que dicte la droite raison, & qu'ainsi à moins que de se conseruer la faculté de raisonner, on ne sçauroit garder les loix de Nature, il est éuident que tout homme qui s'affoiblit à dessein la faculté de raisonner, ou se la détruit, viole de gaieté de cœur la loy de Nature. Car il n'importe qu'on fasse directement contre son deuoir; ou que de propos déliberé on se mette en état de ne le pas faire. Quand donc c'est détruire en soy, on affoiblir la puissance de raisonner, que de prendre trop de vin, ou se charger de crapule, *La crapule* est en vintiéme lieu contre la loy de Nature.

Vintiéme loy de Nature, contre la crapule, & ce qui trouble la raison.

XXVI. Peut étre qu'aprés auoir consideré auec quel art i'ay déduit tous ces préceptes de Nature de ce que la raison nous dicte de nous conseruer sains & sauues, quelqu'vn dira que cette déduction est si difficile qu'il ne faut pas s'attendre que ces Loix soient generalement connuës, ny par conséquent qu'elles obligent, veu que les Loix n'obligent & mesme ne sont Loix qu'entant qu'elles sont conuës. Ie respons qu'à la verité l'esperance, la crainte, la colere, l'ambition, l'auarice, la vaine gloire, & les autres passions empéchent pour le temps qu'elles préualent qu'on ne conoisse les loix de Nature ;

Reigle à conoitre d'abord si ce qu'on va faire est contre la loy de Nature.

F iij

CHAPITRE III.

Mais qu'il n'y a perſonne au monde qui ne ſoit quelquesfois de ſens raſſis. Or en cet état quelque ignorant & mal habile qu'on ſoit, il n'y a rien d'aiſé comme de s'éclaircir bien-toſt ſi l'on a droit ou non de faire ce qu'on ſe propoſe de faire à autruy : Car il ne faut pour cela que ſe mettre en la place de l'autre. En cet état les paſſions qui pouſſoient à faire, comme tranſportées dans l'autre plat de la balance preſſent à ne faire pas. Et cette regle eſt non ſeulement aiſée, mais notoire des long temps, & conçeuë en ces termes, *Que nul ne faſſe à autruy ce qu'il ne voudroit pas qu'on luy fît.*

Les loix de Nature n'obligent que pour le fore intérieur.

XXVII. Or comme par déſir inique pour les commoditez préſentes, la plus-part des gens, quoy que ſçachans bien les Loix, ſont mal diſpoſez à les garder: s'il s'en trouuoit de plus retenus que les autres qui gardaſſent cette equité naturelle, les autres ne la gardant pas, ils ne feroient rien moins que ſuiure en cela ce que dicte la raiſon. Car bien loin de ſe procurer la paix, ils auançeroient leur ruine ; & pour trop garder la Loy, ſe rendroient la proye de qui ne la garderoit pas. Il ne faut donc pas ſe perſuader qu'on ſoit obligé par Nature, c'eſt à dire par raiſon,* à l'exercice de toutes ces Loix quand les autres font le contraire: on n'eſt obligé qu'au deſſein de les garder ; tout autant qu'on le jugera néceſſaire pour la fin à quoy elles ſont ordonnées. Il faut donc conclure que la Loy de Nature oblige en tout temps, & en tout lieu, *quant au for intérieur*, ie veux dire en conſcience : mais qu'elle n'oblige *pour le fore ex-*

* *Voyez les Remarques.*

DE LA POLITIQVE.

térieur, que quand il se peut seurement.

XXVIII. On peut violer les Loix qui obligent en conscience non seulement en faisant contre, mais selon ; & c'est à sçauoir si l'on pense faire contre. Car qu'importe de l'action, si la conscience est contre.

XXIX. *Les Loix de Nature sont immuables & éternelles* ; Ce qu'vne fois elles defendent ne peut iamais estre loisible, ny ce qu'elles ordonnent illicite. De vray *iamais la superbe, ny l'ingratitude, ny qu'on viole sa foy & fasse vne injure ; iamais l'inhumanité, ny les affronts ne seront choses loisibles*, ny les vertus contraires illicites, à les prendre pour de simples dispositions, ie veux dire eu égard au fore de la conscience, le seul où elles obligent & soient des Loix. Cependant il peut y auoir dans nos actions de telles diuersitez, soit pour les circonstances, ou à raison de la loy Ciuile, que telle qui sera juste en vn temps sera injuste en vn autre ; & la mesme tantôt selon, & tantôt contre raison. Et toutefois cette mesme raison garde ioûjours pour mesme fin la paix d'vn chacun, & qu'il se conserue, & toûjours les mesmes moyens qui sont les Vertus de l'ame, que i'ay déclaré cy-dessus qu'il n'y a ny coûtume, ny loy Ciuile qui puisse abroger.

XXX. On voit sur ce que i'ay dit combien les loix de Nature sont aisées à garder, qui obligent seulement à s'efforçer de le faire, pourueu que ce soit tout de bon, & qu'on n'en relasche iamais. L'homme iuste donc est celuy qui tasche ainsi de les accomplir. Car des-là qu'on fait son possible

CHAPITRE III.

On peut agir selon les loix de Nature, & neanmoins les violer.

Les loix de Nature sont immüables.

C'est estre iuste que de tascher d'accomplir la loy de Nature.

CHAPITRE III

que toutes ses actions soient selon les loix de Nature, on donne assez à conoître qu'on a dessein de les accomplir : Or la Nature raisonable ne nous oblige qu'à cela ; & c'est être juste que de tenir tout ce à quoy elle oblige.

La loy de Nature est la mesme que la loy Morale.

XXXI. Tous les Auteurs sont d'accord, *que la loy de Nature est la mesme que la loy Morale* : Voyons donc pourquoy cela. Il faut donc sçauoir que les noms de *bon* & *mauuais* ont esté imposez aux choses pour signifier l'*apétit* ou l'*auersion* de qui les apelleroit ainsi. Or les hommes ont diuers goûts selon leur tempéramment, leurs coûtumes, ou opinions ; ce qu'on void aux obiets des sens, comme du goût, du toucher, de l'odorat, & plus encore en ce qui regarde les actions ordinaires de la vie, où ce que tel louë & dit qu'il est bien, l'autre le blâme & dit qu'il est mal ; iusques-là qu'on void le mesme homme tantôt louër, tantôt blâmer vne mesme chose. De tels differents que cela viennent les querelles : & ainsi on est en guerre tant qu'on mesure le bien & le mal chacun à son goût présent, & à diuerses mesures. Mais qui est en guerre la conoît mauuaise, d'où il conclud que la paix est bonne : Ceux donc qui n'auoient pû conuenir du bien présent conuienent du bien à venir ; & ils le font par raison, puis qu'on aperçoit le present par les sens, & l'auenir par la raison seule. Puis donc que la raison dicte que la paix est bonne, selon la mesme raison tous les moyens necessaires à la paix sont bons, & ainsi la modestie, l'equité, la fidelité, l'humanité, la misericorde, que i'ay i'ay fait voir néceſſaires à la paix ſont *bonnes mœurs ou habitudes*, & c'eſt à dire *vertus*: La Loy donc dés-là qu'elle ordonne les moyens à la paix, ordonne les bonnes mœurs ou vertus; & c'eſt pourquoy on l'apelle *Loy Morale*.

CHAPITRE III.

XXXII. Or de ce qu'on ne ſçauroit ſe dépoüiller entierement de cet apétit déraiſonnable de moins eſtimer vn bien à venir qu'vn préſent, quoy qu'en trainant auec ſoy vne longue ſuitte de maux impréueus, de là vient que bien qu'on loüe tout d'vne voix ces vertus, on n'eſt pas pour cela bien d'accord de leur Nature, & en quoy elles conſiſtent. En effet qui n'aprouue pas la bonne action d'autruy luy donne auſſi tôt le nom du vice voiſin; & raporte de meſme à quelque vertu le vice qui plait. Il arriue donc que tel loüé & nomme vertu, ce que tel autre blâme & apelle vice; & les Philoſophes n'ont ſçeu iuſques à maintenant comment y remedier: Car pour n'auoir pas pris garde que nos actions ſont bonnes, eu eſgard à la paix, & n'ont de malice qu'en ce qu'elles tendent à querelle & noiſe; ils ſe ſont forgé certaine Philoſophie Morale, differente de la loy Morale, & qui ſe contredit elle-meſme. Car ils ont voulu que la Nature des Vertus fût en certaine *Médiocrité* entre deux *Extrémes*; & le vice en ces extrémes: Ce qui eſt viſiblement faux: puis qu'on eſt loüé de ce qu'on entréprend les plus grandes choſes, & que cela s'apelle *Force & Vertu*, quand c'eſt pour vne bonne fin. De meſme ce n'eſt pas la quantité de ce qu'on donne grande, petite, ou médiocre qui

D'où vient que ce que i'ay dit icy des loix de Nature, n'eſt pas le meſme que ce que les Philoſophes ont enſeigné des vertus.

G

CHAPITRE III.

fait la libéralité, mais le sujet qu'on a de donner, ny ce n'est pas injustice que de donner à autruy plus qu'on ne luy doit. Ainsi les loix de Nature sont la somme & l'abrégé de la Philosophie Morale: mais ie n'en ay donné que les préceptes à se garantir des dangers qui viennent de la discorde. Cependant il y a d'autres préceptes de la Nature raisonable d'où naissent d'autres vertus. Ainsi *la Tempérançe* est vn précepte de la raison, puis que de l'intemperançe vieneut les maladies & la mort: Et *la Forçe*, l'est aussi, ie veux dire la faculté de tenir bon dans les dangers presens, qu'il seroit plus difficile d'éuiter que de surmonter, quand c'est elle le seul moyen de salut.

A proprement parler la loy de Nature n'est loy qu'en tant qu'elle nous est donnée dans l'Ecriture sainte.

XXXIII. Enfin quand les loix de Nature (comme nous les apellons) ne sont que des conclusions tirées par vn bon raisonement de ce qu'on doit faire ou obmettre; & qu'à proprement parler la loy est ce que dit & donne à entendre celuy qui commande auec droit aux autres de faire ou ne faire pas: si l'on considere ces Loix, comme venans de la Nature, ce ne sont pas proprement des Loix: mais elles le sont tres-proprement en tant que données de Dieu dans l'Ecriture sainte, ainsi que ie vay faire voir dans le Chapitre suiuant, *Quand l'Ecriture sainte est la parole de Dieu, le Souuerain de tout le Monde.*

DE LA POLITIQVE. 51

LES ELEMENS DE LA POLITIQVE.

CHAPITRE IV.

CHAPITRE QVATRIESME.

Que toute Loy de Nature est Loy Diuine.

I. LA Loy qu'on nomme de Nature, & loy Morale, s'appelle aussi loy Diuine : & certes auec raison, quand de vray la loy de Nature n'est autre que la raison que nous receuons tous immediatement de Dieu, pour regle de nos actions ; & que les préceptes de bien viure qu'on tire de là sont les mesmes que les Commandemens de Dieu, promulguez par nôtre Seigneur Iesus-Christ, par les Prophetes, & par les Apostres, pour loix du Royaume des Cieux. Ie vay donc confirmer en ce Chapitre par passages de l'Ecriture sainte, ce que i'ay fait voir cy-dessus qu'ordonnoit la loy de Nature.

Les Preceptes de bien viure, sont Commandemens de Dieu.

G ij

CHAPITRE IV.
La loy Diuine est dans la droite raison.

11. Et ie l'allégue en premier lieu pour faire voir que la loy Diuine est dans la droite raison. Au Psalme donc trente-sixiéme aux verssets trentiéme & trente-vniéme, *La bouche du juste sera remplie de Sagesse, & sa langue prononçera choses justes; la loy de son Dieu est dans son cœur.* Au chapitre trente-vniéme de Ieremie au versset trente-troisiéme, *Ie leur mettray, dit le Seigneur, ma Loy dans les entrailles; & la leur écriray dans le cœur.* Au Psalme dix-huitiéme au versset huitiéme, *La Loy du Seigneur est sans tâche, & elle convertit les Ames*; & au versset neuuiéme, *Les Préceptes du Seigneur sont tous éclatants de lumiére, & illuminent les yeux.* Au chapitre trentiéme *du Deuteronome*, au versset onziéme, *Ce Commandement que ie te donne auiourd'huy n'est pas au dessus de toy, ny fort éloigné*; & au versset quatorziéme, *Mais il est là tout proche; Tu l'as dans ta bouche, & dans ton cœur.* Au Psalme cent dix-huitiéme, au versset trente-quatriéme, *Donnez-moy l'intelligence*, dit le Psalmiste à Dieu, *& i'étudiray vôtre Loy*; & au versset cent cinquiéme, *Vôtre parole est le flambeau qui m'éclaire.* Ainsi au chapitre neuuiéme des Prouerbes, au versset dixiéme il est dit, *Que la Prudence est la science des Saints*; Et S. Iean tout dés le commencement de son Euangile parlant de *Nôtre Seigneur Iesus-Christ*, qui a promulgué la Loy, luy donne le nom de *Raison, & au versset neuuiéme du mesme chapitre il l'apelle *la vraye lumiére qui illumine tout homme venant en ce monde.* Et en tout cela nous voyons la droite raison décrite, dont i'ay fait voir

* Lógos.

DE LA POLITIQVE. 53

que les préceptes sont ceux de la loy de Nature.

III. Et quand i'ay posé ce fondement, que la loy fondamentale de Nature est qu'il faut chercher la paix: Je prouue qu'elle est aussi la somme & l'abregé de la loy Diuine. Car dans l'Epître aux Romains, au chapitre troisiesme au verssset dix-sétiesme S. Paul parlant de la iustice, qui est l'abregé de la loy, l'apelle *voye à la paix*. De mesme au versset onziesme du Psalme quatre-vingt-quatriesme, il est dit, *Que la justice & la paix se sont baisées*, Et il est dit en S. Mathieu au chapitre cinquiéme au versset neuuiéme, *Bien-heureux les gens paisibles, car ils seront apellés enfans de Dieu*. Aussi S. Paul ayant dit au dernier versset du chapitre sixiéme aux Hébreux, *Que Iesus-Chrst le Législateur de la Loy dont il s'agit, Est le Pontife pour toute l'éternité selon l'ordre de Melchisedec* : ajoûte au versset premier du chapitre sétiéme ce Melchisedec étoit Roy de Salem, Prestre du grand Dieu ; & au versset deuxiéme on interpréte, dit il, que Melchisedec veut dire *Roy de justice*; & Roy de Salem, *Roy de paix*: Et par là il fait voir que Iesus-Chrst est le Roy qui dans son Royaume, *marie la justice à la paix*. De mesme au Psalme trente-troisiéme au versset quinziéme, nous auons ce précepte-cy, *Ecarte-toy du mal, fuy le bien, cherche la paix, & la poursuis*: Et quand Isaïe au chapitre neuuiéme, aux verssets sixiéme & sétiesme parle de l'enfant nouueau-né, il porte, dit-il, sur l'épaule ses marques de Prince ; & aura nom l'Admirable, le Conseiller, le Dieu fort, le Pere du Siécle à venir,

CHAPITRE IV.
Qu'il faut chercher la paix.

G iij

le Prince de paix. D'ailleurs le mesme Isaïe au chapitre cinquante-deuxième au versset setiesme trouue les pieds beaux de qui annonçe *la paix* : Et dans S. Luc il est dit au chapitre second, au versset quatorziéme, qu'à la Natiuité de Nôtre Seigneur Iesus-Christ on oüit vne voix loüant Dieu, & disant gloire à Dieu aux lieux tres-hauts, *& paix* en terre aux hommes de bonne volonté. Et pour citer encore Isaïe au chapitre cinquante troisiesme au versset sixiesme il appelle l'Euangile *la Discipline de paix*; luy qui dans son chapitre cinquante-neuuiéme, au versset huitiéme apelle la iustice *la voye à la paix.* Ils ont ignoré, dit-il, la voye à la paix ; leurs démarches sont sans iugement. Et Michée dans le mesme esprit au versset cinquiéme de son chapitre cinquiéme, parle du Messie en ces termes : Il se maintiendra & gouuernera par la force du Seigneur, &c. Et c'est pourquoy il sera glorifié d'vn bout du Monde à l'autre, & ce sera luy *la paix.* Enfin au versset premier du chapitre troisiesme des Prouerbes, nous auons ces belles paroles, *Mon fils n'oublie point ma Loy; garde mes Préceptes dans ton cœur, & tu auras pour recompense de longues années de vies & de paix.*

IV. Puis quant à la premiere Loy tirée de ce principe, ie veux dire d'abolir la communauté de toutes choses, & introduire le *Mien* & le *Tien* : On trouue premierement combien telle Communauté seroit contraire à la paix, quant au versset huitiesme du chapitre treiziesme de la Genese, Abraham prie Lot, que pour éuiter querelle pre-

DE LA POLITIQVE. 55

mierement entre eux, puis auſſi entre leurs Paſteurs, il prene party ailleurs : Et l'on void cette meſme Loy de la diſtinction du nôtre & du bien d'autruy confirmée par les deffançes *de prendre le bien d'autruy*, comme, *Tu ne tueras point ; Tu ne déroberas point ; Tu ne commettras point adultaire* : qui font voir qu'on a plus droit ſur toutes choſes.

v. On void dans ces meſmes préceptes la ſeconde loy de Nature de *garder ſa foy*. Car qu'eſt ce autre choſe, *Tu ne prendras point le bien d'autruy* que cela, *Tu n'enuahiras point ce qui par ton pacte a ceſſé d'eſtre tien*. Auſſi quant au Pſalme quatorzieſme au verſſet cinquieſme, ce Roy demande, *Seigneur qui habitera dans ton Tabernacle* ? il reſpond auſſi-tôt, celuy qui jure à ſon prochain, & luy *tient parole* : Et nous auons ce Précepte au chapitre ſixieſme au verſſet premier des Prouerbes, Mon fils ſi tu as promis à ton prochain, *tu t'es lié* par les paroles de ta bouche.

CHAPITRE IV.

Garder ſa foy.

vi. La troſiéme loy de Nature concernant *la gratitude* ſe confirme par ces paſſages. Au chapitre vingt-cinquiéme du Deuteronome au verſſet quatriéme, *Tu n'emmuſeleras point le bœuf qui foule le grain* : Ce que S. Paul aux Corinthiens au chapitre neuuiéme explique des hommes, & non des bœufs ſeulement. Ainſi au chapitre dix-ſetieſme des Prouerbes au verſſet trezieſme il eſt dit, Que qui rend le mal pour le bien, le mal ne s'éloignera point de ſa maiſon : Ainſi on void le Précepte au chapitre vingtieſme du Deuteronome, Si tu marches vers

Etre recoinoiſſant du bien-fait reçeu.

vne place pour la prendre, offre luy d'abord la paix: si elle l'accepte, & qu'elle t'ouure ses portes, tu sauueras tout son peuple, & il te fera Tribut: Et cet aduertissement au chapitre troisiéme des Prouerbes, au versset vingt-neuuiéme, *Ne machine point contre ton amy, qui prend confiançe en toy.*

Se rendre commode à autruy.

VII. Quant à la quatriéme Loy, d'*estre commode à autruy*, elle n'enseigne autre chose que ces préceptes Diuins. Au chapitre vingt-troisiéme de l'Exode aux verssets quatriéme & cinquiéme, *Si tu rencontres le bœuf de ton ennemy égaré, tu le luy rameneras; & que tu voye son asne qui ait succombé sous le faix, tu ne passeras point sans le releuer*, Et au versset neuuiéme, *Ne sois pas fascheux & incommode à l'Etranger.* Au chapitre troisiéme des Prouerbes au versset trentiéme, *Ne plaide point l'homme en vain, qui ne t'a point fait de mal*: Au chapitre douziéme au versset vingt sixiéme, *C'est étre juste que de mépriser son interét pour son amy*: Au chapitre quinziesme au versset dix-huitiesme, *l'homme fougueux cherche querelle; & le paisible l'appaise*: Au chapitre dix-huitiesme au versset vingt-quatriesme, *L'homme de bon naturel te sera plus amy que ton propre frére.* Ce qu'on void aussi en S. Luc au chapitre dixiesme dans la Parabole du Samaritain, qui eut compassion du Iuif que les voleurs auoient blessé; Et enfin dans ce precepte de *Nôtre Seigneur Iesus-Christ* au chapitre cinquiéme de S. Mathieu au versset trentecinquiesme, *Ne resistés point au méchant homme, mais s'il vous donne sur la jaüe, presentés luy l'autre.*

VIII.

VIII. Puis quant à la Loy qui veut *qu'on remette les offences* parmy grand nombre d'autres textes, nous auons ces deux tres-exprés, tous deux de S. Mathieu. Si vous remettés leurs pechez aux autres, vôtre Pere celeste vous remettra les vôtres: Si vous ne les remettés pas ; il ne vous les remettra pas : Et le second au chapitre dix-huictiesme au verssét vingt-vniesme, en ces termes : *Seigneur combien de fois mon frère péchera-t-il contre moy que ie luy pardonne ? Sera ce iusqu'à sept fois ?* Et nostre Seigneur respond, *Ie ne te dis pas sept fois, mais soixante-dix fois sept* : qui est dire sans compter autant qu'il offançera.

CHAPITRE IV. Pardonner les offences.

IX. Aussi la Loy sixiesme *de n'estre pas vindicatif*, se trouue conforme aux préceptes *de faire misericorde*. Ainsi en S. Mathieu au chapitre cinquiéme au verssét sétiéme, *Bien heureux les miséricordieux, car il leur sera fait misericorde* : Et de mesme au chapitre dix-neuuiéme du Leuitique, au verssét dix-huictiéme, *Ne cherche point à te vanger ; ne garde point le souuenir de l'injure reçeuë.* Cependant beaucoup de gens bien loin de croyre cette Loy confirmée par l'Ecriture sainte, l'y croyent tout à fait abolie : en ce qu'on y void des supplices eternels préparés aux méchans aprés leur mort, qu'il ne sera plus temps ny de les en corriger, ny d'en faire exemple. On répond communement, que Dieu quand il n'est tenu à aucune Loy, rapporte tout à sa gloire, ce qui n'est pas loisible à l'homme : comme si Dieu cherchoit sa gloire dans la mort du pé-

N'étre pas vindicatif.

H

CHAPITRE IV.

cheur, & qu'il y eût du plaisir. Il vaut mieux répondre à l'objection, *Que la peine éternelle fût établie auant le peché, pour faire craindre d'y tomber.*

Ne maltraiter ny mépriser autruy.

X. Ie confirme la fetiéme *de ne mal-traiter ny mépriser son prochain*, premierement par ces paroles de Nostre Seigneur Iesus-Christ au chapitre cinquiéme de S. Mathieu au verset vingt deuxiéme, *Ie vous assure que tout homme qui se fasche contre son frere se trouuera coupable au iugement, & que pour l'apeller fou, il meritera les feux eternels* : Puis par tous ces Prouerbes-cy : Au chapitre dixiéme au verset dix-huictiéme, *C'est être fou que d'outrager son prochain* : Au chapitre quatorziéme au verset vingt vniéme, *On péche quand on le méprise* : Au chapitre quinziesme *Le parler rude émeut à fureur* : Et au verset dixiesme du chapitre douziesme, *Chassés le moqueur, & vous n'aurés plus de querelles*.

Estre humbles & égal.

XI. La Loy huitiéme, *Qu'on se tiéne égaux par Nature*, en quoy consiste l'humilité, se trouue premierement : Au chapitre cinquiéme de S. Mathieu au verset troisiéme, *Bien-heureux les pauures d'esprit, car le Royaume des Cieux est à eux* : Puis aux Prouerbes en tous ces endroits : Au chapitre sixiéme, aux versets seiziesme & dix-neuuiesme, *Il y a six choses que le Seigneur hait, & son ame déteste la sétiéme; Les yeux hautains, &c.* Au chapitre seiziesme au verset cinquiesme, *L'homme arrogant est l'auersion du Seigneur, fût-il tout le iour sans rien faire, il n'est pas iuste* : Au chapitre onziesme au verset second, *La part que sera la superbe on ne verra que querelles;*

DE LA POLITIQVE.

mais on trouuerra la Sagesse où sera l'humilité. Enfin quand Isaïe annonçe la venuë du Messie au chapitre quarantiesme au versset neuuiesme, pour préparer à son Royaume, voicy quelle, il dit, qu'est la voix de celuy qui crie au desert. *Préparés les voyes du Seigneur; faites droits ses sentiers dans la solitude; Toute valée sera comblée, & tout coteau abaissé.* Ce qui assurément ne se doit pas entandre des montagnes, mais des hommes.

XII. Quant à *l'equité* que i'ay dit, *Qu'un chacun permette à tout autre ce qu'il veut qu'il luy soit permis,* ce qui comprend toutes les loix de Nature: Moyse la commande au versset dix-huitiesme du chapitre dix-neuuiesme du Léuitique, en ces termes, *Tu aimeras ton amy comme toi mesme,* & *Nôtre Seigneur Iesus Christ* nous enseigne au chapitre vingt-vniesme de S. Mathieu au versset trente sixiesme, qu'elle est l'abrégé de la loy Morale: *Nôtre Maistre, Quel est donc le grand Commandement de la Loy? Et Iesus répond, Tu aimeras le Seigneur ton Dieu, & le reste, c'est le tres Grand & le premier Commandement; mais le second tout semblable est que tu aimes ton prochain comme toy-mesme. De ces deux Commandemens dépend la Loy & les Prophetes.* Or aymer son prochain comme soy-mesme, est luy permettre les mesmes choses que nous voudrions qu'il nous permît.

XIII. La dixiéme loy defend *l'acception des personnes*; & les passages suiuants. Au chapitre cinquiéme de Sainct Mathieu, au versset quarantecinquiesme; *afin que vous soyés les enfans de vôtre pere*

Garder l'equité de soy à autruy.

Garder l'equité en toutes choses.

CHAPITRE IV.

qui fait lever son Soleil sur les justes & sur les injustes. Au chapitre troisiéme des Colossiens, au versset onziéme; *Où il n'y a point de Gentil ny de Iuif, de Scythe ny de Barbare, mais où Iesus-Christ est tout en tous.* Au chapitre dixiéme des Actes, au versset trente-quatriéme; *En verité i'ay trouvé qu'en Dieu il n'y a point d'acception de personnes.* Au second Livre des Croniques au chapitre dix-neuviéme au versset septiéme; *On ne trouve point l'iniquité chez le Seigneur, ny l'acception des personnes.* Dans l'Ecclésiastique au chapitre trente-cinquiéme au versset seiziéme; *Le Seigneur est le Iuge, l'extérieur & la pompe n'y fait rien.* Et dans l'Épitre aux Romains au versset onziéme du chapitre second; *l'acception des personnes n'est point chez Dieu.*

Avoir en commun ce qu'on ne sçauroit partager.

XIV. Quant à l'onziesme Loy, *qu'on ait en commun ce qu'on ne sçauroit partager*, ie ne sçay si elle est expressément dans l'Ecriture Saincte ou non: mais on en voit la pratique ordinaire dans l'vsage par indivis *des puits, des chemins, des riviéres, des choses sacrées*: & l'on ne peut faire autrement.

Ou le tirer au sort.

XV. I'ay dit qu'en douziéme lieu c'étoit vne Loy de Nature que ne pouvant partager ny iouïr par indivis quelque chose qu'on deut avoir *on la tirât au sort*: & ie le confirme en premier lieu par l'exemple de Moyse, qui par ordre exprés de Dieu au chapitre trente-quatriéme des Nombres partage aux Tribus d'Israël la Terre de Promission, & en tire les lots au sort: Et en second lieu par l'exemple des Apôtres, lesquels aprés cette priére *Seigneur faites*

DE LA POLITIQVE.

voir s'il vous plait lequel des deux vous auez choisi: tirent *le sort* pour Mathias, qui l'emporte sur le juste. On en peut conclure autant de ce qu'on trouue aux Prouerbes au chapitre seiziéme au versset trente-troisiéme ; *Qu'on jette les sorts dans l'Vrne & que le Seigneur en dispose.* Et ce qui est la treiziéme Loy de Nature, c'étoit à Esaü de succeder à Isaac, comme étant son fils premier né, s'il n'eut vendu son droit d'ainesse à Iacob, ainsi qu'il est rapporté au chapitre vingt cinquiéme de la Genése : ou que le pere en eut disposé autrement.

XVI. Sainct Paul dans la premiere Epitre aux Crétiens de l'Eglise de Corinthe les reprend au chapitre sixiesme, qu'ils se plaident les vns les autres deuant Iuges infidelles ; & dit que c'est mal fait à eux, qui plûtôt deuroient souffrir qu'on leur fit tort : En cela donc il a égard à la Loy qu'on se rende commode à autruy. Mais si l'on est en different pour choses necessaires à la vie qu'aura-t-on à faire ? L'Apotre ajoute donc au versset cinquiéme ; *Ie le dis à vostre honte : n'auez vous point vn homme de bien à vuider vos differents ?* Ce qui confirme la Loy de Nature que i'ay comptée la quinziéme ; *Que ne pouuant éuiter contestation on prene vn tiers pour arbitre.* Puis de ce que c'est *vn tiers* on voit aussi la Loy seiziéme obseruée ; *Que nul ne soit juge en sa propre cause.*

XVII. Aussi nous auons dans l'Exode au chapitre vingt-troisiéme au versset huictiéme ; *Que le Iuge ou Arbitre ne prene point de recompense pour son*

Se rendre commode à autruy.

Prendre en cas de different vn tiers pour arbitre.

Iuger sans interét.

CHAPITRE IV.

iugement. *Tu ne prendras point de préfens, ils donnent dans la veuë aux plus fages; ils changent les paroles dans la bouche à l'homme de bien.* & dans l'Ecclefiaftique au chapitre vingtiéme au verffet trente vniéme; *Les étrenes & autres prefents donnent dans la veuë aux Iuges.* D'où il fuit que le Iuge n'eft plus ny moins tenu à l'vne des parties qu'à l'autre. Ce qui eft la Loy dix-neuuiéme de Nature; que confirme auffi le chapitre premier du Deuteronôme au verffet dix-feptiéme en ces termes. *Vous n'aurez point egard aux perfonnes; vous écouterez le petit comme le grand:* Et tous les autres paffages que i'ay alleguès contre l'acception des perfonnes.

Adminiftrer témoins.

XVIII. Et *Qu'en tout iugement de fait on doiue adminiftrer témoins*: Ce qui étoit la dix-huictiéme Loy non-feulement l'Ecriture Sainéte le confirme: mais elle ordonne qu'ils foient deux ou plufieurs. Ainfi au Deuteronôme au chapitre dix feptiéme au verffet fixiéme il eft dit que celuy qu'on deura mettre à mort le fera fur la dépofition *de deux ou de trois témoins.* Ce qu'on trouue auffi de mefme au chapitre dix-neuuiéme au verffet quinziéme du mefme Deuteronome.

Ne fe charger pas de Crapule.

XIX. Et pour la raifon que i'ay dite à compter l'yurognerie pour vne infraction de la Loy de Nature, qu'elle trouble la raifon: On la void auffi defanduë dans l'Ecriture Sainéte. Car au chapitre vintiéme des Prouerbes au verffet premier il eft dit, *Que le vin excite à luxure; que l'yurognerie eft tumultueufe; que celuy qui s'y adonne n'eft pas fage.* Et aux verssets quatriéme & cinquiéme du chapitre trente-vniéme, *Garde toy de donner du vin aux Rois, qu'ils n'oublient pas de bien juger; & ne gâtent pas les affaires des paures gens.* Et pour montrer que la malice de ce peché ne consiste pas dans la quantité du vin, mais en ce qu'il affoiblit le jugement: Il y a au versset d'aprés: *Donnez de la biére aux gens affligez; versez du vin à qui trouue sa vie amere; faites les boire qu'ils oublient leur misere à ne s'en souuenir iamais.* Et c'est par la mesme raison que nôtre Seigneur Iesus-Christ deffand l'yuregnerie en S. Luc au chapitre vingt-vniéme au versset trente quatriéme, *Ne vous chargez pas de crapules; ne prenez pas trop de vin.*

CHAPITRE IV.

XX. I'ay dit au chapitre troisiéme, *La loy de Nature éternelle*: Ie le trouue dans S. Mathieu au chapitre cinquiéme au versset dix huitiéme, *Ie vous assure en verité, que iusqu'à ce que le Ciel & la terre passent, il ne sera pas changé vne seule lettre à la Loy, non pas mesmes le moindre accent.* Et au Psalme cent dix-huitiéme au versset cent soixantiéme, *Tous vos iugemens, Seigneur, sont pour toute l'éternité.*

La loy de Nature est éternelle.

XXI. I'ay dit aussi, *Que les loix de Nature regardent la conscience*: d'où i'ay conclu ces deux choses; La premiere, Que c'est étre iuste que de faire son possible pour les accomplir: La seconde, Que pour bien qu'on soit ponctuel en toutes ses actions, & que quant à l'extérieur on les fasse telles que la Loy ordonne, si ce n'est pour l'amour de la Loy, mais par quelque autre motif, cóme de crainte de la peine,

Et oblige en conscience.

ou mesmes pour le bruit du monde on n'est pas homme de bien. Or ie confirme ces deux choses : La premiere par Isaïe au versset setiéme du chapitre cinquante-cinquiéme, *Que l'impie sorte du chemin qu'il tient ; Que l'homme injuste change de dessein, & retourne au Seigneur : il lui fera misericorde.* Et par Ezéchiel au chapitre dix-huitiéme au versset trente-vniéme, *Loin de vous toute preuarication, faites vous vn cœur nouueau ; & pourquoy mourriés-vous maison d'Israel ?* Textes qui donnent à entandre que Dieu ne châtira pas ceux qui seront droits de cœur, & de bonne intention. Et quant à l'autre proposition ie la confirme de mesme par Isaïe au versset treziéme du chapitre vingt-neuuiéme, *Quand ce peuple fait le déuot & que ce n'est que de bouche, & seulement du bout des léures, voicy ce que ie feray :* & le reste. Et par S. Mathieu au chapitre cinquiéme au versset vingtiéme, *Ie vous assure que si vous n'étes plus iustes que les Scribes & les Pharisiens vous ne serez point receus au Royaume des Cieux.* Aprés quoy *Nôtre Seigneur Iesus-Christ* explique, Qu'on viole les Commandemens de Dieu, non seulement par les œuures, mais aussi par la volonté. Car les Scribes & les Pharisiens obseruoient la Loy tres-exactement, pource qui est de l'extérieur : mais seulement pour le bruit du monde, tout préts d'ailleurs à aller contre. On trouue aussi en autres endroits, *Que Dieu prend la volonté pour l'effet, tant pour le bien que pour le mal.*

XXII. Ce que i'ay dit *la loy de Nature aisée à garder* ; *Nôtre Seigneur Iesus-Christ* le déclare en saint Mathieu

DE LA POLITIQVE. 65

Mathieu au chapitre onziéme, *Gens en peine venés à moy; chargez mon joug sur vos épaules; aprenés de moy que ie suis paisible, & humble de cœur, & vous trouuerrés le repos de conscience: car mon joug est agréable, & fort aisé à porter.*

CHAPITRE IV.

XXIII. Enfin i'ay donné cette regle par où conoître si ce qu'on va faire est ou non contre la loy de Nature: *De ne pas faire à autruy ce que nous ne voudrions pas qu'il nous fit:* Et Nôtre Seigneur Iesus Christ a donné cette mesme regle au chapitre sixiesme au verset douziéme de S. Mathieu, en ces termes, presque les mesmes, *Faites à autruy toutes choses que vous voudrés qu'il vous fasse.*

Regle à iuger de ses actions.

XXIV. Comme *toute loy de Nature est loy Diuine*, aussi en reuanche la Loy de *Iesus-Christ Nôtre Seigneur* expliquée toute entiére aux chapitres, cinquiéme, sixiéme & sétiéme de S. Mathieu est toute la mesme que nous enseigne la Nature, à la réserue de ce seul Cómandement, de ne prendre pas pour femme celle que le mary aura quittée pour sa mauuaise conduite : Et Nôtre Seigneur Iesus-Christ aporte ce Commandement en explication de la loy Diuine positiue , contre les Iuifs , qui n'expliquoient pas bien la Loy de Moyse. I'ay dit que toute la Loy de *Nôtre Seigneur Iesus-Christ* est expliquée dans ces chapitres là: mais ie n'ay pas dit toute sa Doctrine. Car la Foy est partie de la Doctrine Chrêtiéne , & neanmoins n'est pas comprise sous le nom de Loy. De vray on fait les Loix pour les actions qui suiuent

Les Commandemens de Dieu sont préceptes de Nature.

I

CHAPITRE IV. la volonté, non pour les opinions ou la Foy qui ne la suit pas, & n'est pas en nôtre pouuoir.

Fin de la premiere Partie.

LES ELEMENS DE LA POLITIQVE.

SECONDE PARTIE.
LE COMMANDEMENT.
CHAPITRE CINQVIESME.

Des Causes & de la Generation de l'Etat.

I. Que ce n'est pas assés des loix de Nature pour garder la Paix. II. Que dans l'Etat de Nature les loix de Nature sont en silence. III. *Que les seuretés de viure selon les loix de Nature se trouuent dans la concorde de plusieurs.* IV. *Que ce n'est pas encore assez que de la concorde de plusieurs pour vne Paix de durée.* V. D'où vient que la concorde suffit pour la conduite de quelques autres animaux, & ne suffit pas pour celle des hommes ? VI. Que pour la Paix d'entre les hommes il faut non-seulement le consentement, mais l'vnion de plusieurs. VII. Ce que c'est que l'vnion ? VIII. Dans l'vnion le droit de tous est transporté

I ij

68 LES ELEMENS

CHAPITRE V.

en vn seul. IX. *Ce que c'est que l'Etat ?* X. *Ce que c'est qu'une personne ciuile ?* XI. *Ce qui c'est que d'auoir la puissance Souueraine, & quoy estre sujet.* XII. *Deux espeçes d'Etat, l'vn par Nature, l'autre par Institution.*

Que ce n'est pas assés des loix de Nature pour garder la Paix.

I. 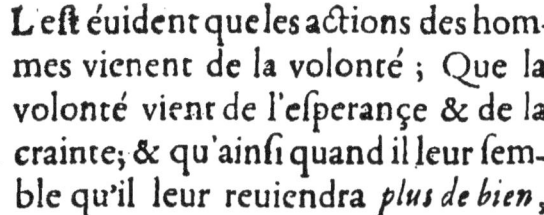L est éuident que les actions des hommes vienent de la volonté; Que la volonté vient de l'esperançe & de la crainte; & qu'ainsi quand il leur semble qu'il leur reuiendra *plus de bien, ou moins de mal,* de ce qu'ils violeront les Loix, ils les violent volontiers. L'esperançe donc de se pouuoir garantir de mal consiste en cela, qu'on puisse preuenir autruy, soit de viue forçe ou par artifiçe, en luy dressant des embuches. D'où on entand que les loix de Nature, quoy qu'on les conoisse, ne donnent pas pour cela d'abord les seuretés néçessaires pour les obseruer; & qu'ainsi tandis qu'on se void exposé à l'inuasion d'autruy, on a toûjours son droit de se précautioner selon son possible, ainsi qu'on auisera, tel qu'on l'auoit auparauant; Ie dis *le droit sur toutes choses, & le droit de guerre:* Et il suffit pour accomplir la loy de Nature, *Qu'on soit prét à faire la paix, dés qu'il se pourra seurement.*

Que dans l'Etat de Nature les loix de Nature sont en silençe.

II. On dit communément, *Que les Loix sont en silence parmy les armes.* Que si l'on n'entend pas cela du dessein qu'on doit auoir, mais des actions qu'on fait, mesmement durant la guerre, de tous les hommes contre tous les hommes, cela est vray non seulement des Loix Ciuiles, mais mesmes des loix de Nature. *Ie dis dans l'état de Nature, & de guerre vni-*

DE LA POLITIQVE 69

verselle: Car à cela prés, dans la guerre de Nation contre Nation on a toûjours obserué certaines loix de Nature. De vray aux Siécles passés du plus loin qu'on ait des Mémoires, c'étoit comme vn métier que de viure de rapine; Et comme on étoit alors, il n'étoit ny contre la loy de Nature, ny sans gloire à qui s'y portoit vaillamment, sans être cruël. Et cependant quand ils pouuoient tout enleuer: ils laissoient à l'ennemy ses beufs à labourer la terre: non qu'ils y fussent tenus par aucune loy de Nature: Mais comme ils se picquoient d'honneur, ils jugeoient que la cruauté seroit vne marque de crainte.

CHAPITRE V.

III. Puis donc que pour garder la paix il faut l'exercice de la loy de Nature: & que pour viure dans l'exercice de cette Loy il faut *être en seureté*: Voyons les moyens qu'il y a de se mettre en seureté. Le seul moyen pour cela, quand personne n'est assez fort contre tous les autres, est qu'il se procure vn tel secours, que tous les autres ayment mieux le laisser là sans luy rien dire que l'attaquer. Mais en premier lieu il est éuident que si l'on n'est que deux ou trois qui s'entandent, ie veux dire vn petit nombre, on n'a pas dequoy se fier de n'étre pas attaqué, quand deux ou trois hommes de plus du côté de l'ennemy luy font esperer la victoire, & luy donnent enuie d'en venir aux mains. Il faut donc étre tant de gens à se deffandre de concert qu'vn petit nombre de surcroit n'asseure pas la victoire à l'ennemy.

Que les seuretés de viure selon les loix de Nature se trouuent dans la concorde de plusieurs.

IV. Aussi quélque nombre qu'on soit à se def-

I iij

fandre tous enſemble, ſi l'on n'y conuiét des moyens il n'y aura rien de fait : car on y ſera d'auis contraires, & par conſéquent en deſ-ordre : meſmes quand il arriueroit que par eſpérançe de vaincre, par déſir de ſe vanger, ou par quelque autre motif, on fût d'abord tout d'vn auis ; on ne le feroit pas long temps. Car on eſt ſujet à l'enuie & à la haine ; on a ſes fins particuliéres, & tout cela y mettroit vne telle diuiſion, que ſi l'on n'étoit retenu par vn motif commun de crainte, non ſeulement on ne voudroit plus ſe ſécourir les vns les autres, mais on ſe feroit la guerre. Pour donc viure ſeurement dans l'exerciçe des loix de Nature, ce n'eſt pas aſſez que du *commun conſentement*, ie veux dire qu'on agiſſe tous de concert, pour vne meſme fin & vn bien commun : il faut quelque choſe de plus : il faut pouruoir à cela, *Que ceux qui ont été d'accord pour vn interêt commun ne viennent pas à ſe broüiller pour vn bien particulier* : Ce qui ne ſe peut s'ils n'ont à craindre quelque mal de cette diuiſion.

v. Ariſtote met au nombre des Animaux, qu'il apelle *Politiques*, non ſeulement l'homme, mais la fourmy, l'abeille, & autres, leſquels quoy que ſans raiſon, & ainſi ne pouuans faire de pactes, & ſe ſoûmettre à ſe laiſſer-gouuerner, rapportent neanmoins ſi bien toutes leurs actions à vne meſme fin & vn bien commun ; s'accordent ſi bien à vouloir les meſmes choſes, & fuïr les meſmes les vns que les autres, qu'étans vne fois enſemble ils ne ſont pas ſujets à ſédition. Cependant pour viure enſemble

CHAPITRE V.
Que la concorde de pluſieurs ne ſuffit pas pour vne Paix de durée.

D'où vient que la concorde ſuffit pour la conduite de quelques autres animaux, & ne ſuffit pas pour celle de l'homme.

DE LA POLITIQUE. 71

& s'accorder de la sorte, ce n'est pas là *un Etat & une Police* : Cette conduite n'est rien qu'*un commun consentement*, & plusieurs volontés vers vn mesme Objet, & non *une volonté, seule, & unique*, telle qu'il la faut pour vn Etat. On ne doit donc pas les nommer *Animaux Politiques.* Il est vray que ces animaux, comme ils viuent selon les sens, s'accordent toûjours si bien, que c'est assez de leur apétit naturel pour y conseruer la Paix : mais l'homme fait autrement. Car en premier lieu les hommes se picquent d'honneur, les bestes ne s'en picquent point: & ainsi les hommes sont sujets à la haine, & à l'enuie, d'où naissent les séditions & la guerre : & elles n'y sont pas sujettes. En second lieu les abeilles, & semblables animaux ont leur apétit conforme pour vn bien commun, qui ne différe point de leur bien particulier : Et l'homme tout au contraire ne compte guere pour bien que ce qu'il a sur les autres par préciput & auantage. En troisiéme lieu ces animaux sans raison ne trouuent rien à redire dans l'administration de leur affaire commune : Et dans vne multitude d'hommes, comme il y en a toûjours en grand nombre qui se croyent plus sages que les autres, ils veulent reformer le monde, chacun à sa mode, ce qui les broüille, & y met la guerre ciuile. D'ailleurs les animaux brutes s'ils ont quelque sorte de langage pour se donner à conoître leurs désirs & affections, n'ont pas cet art de paroles qui émeut les Passions, & represente le bien pour quelque chose de meilleur, & le mal pour quelque chose de pi-

CHAPITRE V.

re : Mais la langue de l'homme est pour ainsi dire vne Trompette de guerre, & dit-on de *Périclés* qu'il tonnoit, qu'il foudroioit, & mit auec ses Harangues la Gréce en combustion. En cinquiéme lieu ces animaux-là ne mettent point de différence entre l'*injure* & le *dommage* : pourueu donc qu'ils soient à leur aise, ils sont bien contants de ce qui se passe entre eux : Et les hommes au contraire sont d'autant plus incommodes dans l'Etat, qu'ils se trouuent plus de loisir : car ils ne se picquent guére de rang & de préseance, qu'aprés auoir combattu contre la faim & le froid. Enfin le consentement de ces autres animaux vient de la Nature : Celuy des hommes vient des pactes, & est artificiel : Et ainsi il n'y a pas à s'étoner s'il faut quelque chose de plus pour les faire viure en paix. Ce n'est donc pas assez que du *commun consentement* & qu'on ait fait societé pour auoir les seuretés nécessaires à l'exercice de la iustice Naturelle : Il faut *vne puissance commune à contenir les particuliers par la crainte de quelque peine*.

Que pour la paix d'entre les hommes il faut non-seulement le consentement, mais l'vnion de plusieurs.

VI. Quand donc pour conseruer la paix & se défendre long-temps, il ne suffit pas qu'on s'accorde & conspire tous ensemble, il faut que quant à ces choses on n'ait tous qu'vne volonté. Mais c'est ce qui ne se peut, s'ils ne demeurent d'accord de sousmettre chacun la sienne à celle d'vn tiers, en sorte que tout ce qu'il voudra & ordonnera quant aux choses nécessaires à la paix & à la déffence publique, tiene pour la volonté de tous eux en general, & de chacun en particulier : Et il faut enfin que ce Tiers soit

DE LA POLITIQVE.

soit vn homme seul, ou vn conseil de quelques hommes, ie veux dire vne Assemblée de gens à déliberer de ce qu'on doit faire ou obmettre pour le bien commun de tous.

CHAPITRE V.

VII. On se soûmet de la sorte à vn homme seul ou conseil, quand chaque particulier s'oblige par pacte à chaque autre, *Qu'il ne s'opposera point à la volonté de cet homme, ou de ce Conseil*: ie veux dire, *Qu'il ne refusera point de le seruir de tout son pouuoir contre tout autre que soy.* Car pour ce qui est de soy, il est toûjours censé qu'on se reserue le droit de se déffandre soy-mesme contre toute violance. Et telle soûmission est ce qu'on apelle *union*: ou quand c'est sous vn Conseil de quelques hommes on entand que sa volonté soit celle de la plus-part.

Ce que c'est que l'vnion.

VIII. Et quoy que la volonté ne soit pas vne chose volontaire, mais seulement le principe des actions volontaires : (car on ne veut pas vouloir, mais faire : & qu'ainsi la volonté ne tombe point en déliberation, ny sous aucun pacte : Toutefois qui soûmet la siene à celle d'vn autre, transporte à cet autre son droit de force, & de toutes ses facultés, & ainsi quand tous les autres en auront fait autant, celuy à qui ils se feront sous-mis se trouuerra tant de forces, que par la terreur qu'elles donneront il pourra contenir conformes en vnité & concorde toutes les autres volontés de ceux qui se feront soûmis.

Dans l'vnion le droit de Tous est transporté en vn-seul.

IX. L'vnion ainsi faite, est-ce qu'on nomme

Ce que c'est que l'Etat.

K

CHAPITRE V.
* Ciuitas.

l'*Etat* : le Latin le dit en vn mot * qu'on a traduit la Cité, & Societé Ciuile, & aussi Personne Ciuile. Car puis que par l'vnion on n'a tous qu'vne volonté, on la prend pour vne personne. Il faut donc la distinguer d'auec le particulier ; il faut luy donner vn nom propre, & qu'elle ait à soy en propre diuers droits & actions. Ainsi l'*Etat* n'est pas vn des simples particuliers qu'il y auoit auparauant, ny mesmes tous eux ensemble, si l'on excepte celuy dont on prend la volonté pour la volonté de Tous. L'*Etat* donc (qu'on le définisse) est *cette personne vnique, de qui l'on a conuenu qu'on prendroit la volonté pour la volonté de Tous, & qu'elle pourroit se seruir de la force & des moyens de chaque particulier, & de tous ensemble pour les faire viure en paix, & pour leur deffance commune.*

Ce que c'est qu'vne Personne Ciuile.

x. Or encore que tout Etat soit vne persone ciuile, toute persone ciuile n'est pas pourtát vn Etat. Diuers particuliers sous le bon plaisir de l'Etat, peuuent s'assambler en vne seule personne, pour faire certaines choses, & par ce moyen ils sont vne personne ciuile. Ainsi les Compagnies de Marchands & autres Societés & Communautez sont des personnes ciuiles, & cependant ce ne sont pas des Etats. Dont la raison est qu'on ne s'y est pas soûmis purement & simplement à la volonté du Corps : mais seulement pour certaines choses que l'Etat a déterminées ; & que mesmes il y est loisible à tout Associé de plaider deuant d'autres Iuges son Corps de Societé, ce qui n'est pas loisible au sujet contre l'Etat. Telles

DE LA POLITIQVE. 75

Societés donc sont des personnes ciuiles sub-ordonnées à l'Etat.

XI. Cet homme ou ce conseil d'hommes, à la volonté duquel chacun a soûmis la sienne, s'apelle le Souuerain: C'est à luy l'authorité & la puissançe Suueraine, la pleine & entiére puissançe, le droit de Seigneur & Maistre, & le Domaine absolu. Or la puissance Souueraine, & *le droit de Commandement* consiste en cela, que chaque particulier luy transporte tout ce qu'il peut, & tout ce qu'il a de forces. Et qu'on fasse vn transport, quand de vray par moyens humains on ne fait point passer ses forces, de son corps en celuy d'vn autre, c'est seulement qu'on se départ de son droit de résister. Or on apelle *Sujet* tout homme particulier, & toute personne ciuile autre que celle de l'Etat, qui s'est ainsi départy de son droit de luy résister.

<small>CHAPITRE V.
Ce que c'est que d'auoir la puissance Souueraine, *Et quoy* estre Sujet.</small>

XII. On void bien sur ce que i'ay dit, comment & par quelles voyes plusieurs personnes naturelles par leur crainte mutuëlle, & voulans pouruoir à leur conseruatioin, se sont assemblés en vne personne ciuile, que i'ay apellée l'Etat. Au reste qui s'asujettit par crainte, s'asujettit ou à celuy-mesme qu'il craint, ou à quelque autre dont il attend protection. Quand c'est à celuy qu'on craint, c'est qu'on a été vaincu, & qu'on veut sa vie sauue: Quand c'est à vn autre, c'est qu'on a peur d'estre vaincu, & qu'on veut ne l'estre pas. La Premiére façon a cómançé par la puissançe naturelle, on peut l'apeller l'Origine naturelle de l'Etat: La seconde est venuë du dessein

<small>*Deux especes d'Etat, l'vn par Nature, l'autre par Institution.*</small>

K ij

CHAPITRE V.

de ceux qui se sont vnis, & est par institution. De là vient qu'il y a deux espeçes d'Etat, l'vn Naturel, (Paternel, ou Despotique, ie veux dire de pere ou de Maistre) l'autre par institution, qu'on peut nommer Politique. Au premier le Maistre & Seigneur se fait des sujets à son gré: Au second les Sujets de leur bon gré, s'imposent eux-mesmes vn Maistre. Et ce Maistre est vn homme seul, ou vne Assamblée d'hommes, auec puissançe Souueraine. Ie parleray premierement de l'Etat par Institution, & puis de l'Etat naturel.

DE LA POLITIQVE.

LES ELEMENS DE LA POLITIQVE.

CHAPITRE SIXIESME.

Du Droit du Conseil ou du Monarque Souuerain.

1. Vne multitude d'hommes auant l'Etat ètably ne peut auoir à soy en propre aucun droit ny action, sinon que tous en soient d'accord. 11. L'Etat commence & s'etablit par le droit du plus grand nombre qui en demeure d'accord. 111. Vn chacun retient son droit de se defendre soy mesme, ainsi qu'il auisera, tant qu'il n'a pas ses seuretés de se departir de ce droit. 1V. Qu'il faut pour telles seuretez vne puissance à contraindre. V. Ce que c'est que le droit de l'épée, ou du glaiue de Iustice. v1. Que le glaiue de Iustice est au Souuerain de l'Etat. v11. Que le glaiue de Guerre est aussi à luy. v111. Que seul il iuge de tout. 1x. Que c'est luy qui fait les Loix. x. Qu'il crée seul les Magistrats, & les Ministres d'Etat. x1. Que seul il a droit de conoître des dogmes qu'on y enseigne. x11.

CHAPITRE VI.

Qu'il peut tout faire impunément. XIII. Que les sujets luy ont donné l'authorité absoluë, & la puissance souueraine. XIV. Et luy doiue obeïssance pure & simple. XV. Qu'il n'est point obligé aux Loix Ciuiles. XVI. Que nul ne peut rien auoir à soy en propre contre luy. XVII. *Qu'on aprend des Loix Ciuiles ce que c'est que le larcin*, l'homicide, l'adultére, & les injures. XVIII. *De ceux qui voudroient vn Etat sans qu'il y eût de Souuerain.* XIX. *Les marques de la puissance Souueraine.* XX. *A comparer l'Etat à l'homme, le Souuerain est à l'Etat ce que l'Ame est à l'homme.* XXI. *Que de ce qu'on a étably par pactes la puissance Souueraine on n'a plus droit de la reuoquer.*

I.

Vne multitude d'hommes *auant l'Estat étably, ne peut auoir à soy en propre aucun droit ny actions, sinon que tous en soient d'accord.*
* *Voyés les Remarques.*

IL faut voir en premier lieu qu'est ce qu'*vne * multitude* de gens qui de leur bon gré s'assemblent pour faire vn Etat : Et c'est à sçauoir qu'ils ne font pas encore quelque chose d'*vn* mais *plusieurs*, ayans chacun sa volonté & son sentiment particulier sur tout ce qu'on proposera. Et quoy qu'on y puisse auoir diuers droits particuliers acquis par pactes précedens, au moyen de quoy l'vn dira que telle chose, l'autre que telle autre est à luy : Il n'y a pourtant rien encore de quoy toute la multitude comme vne personne distincte de chaque particulier puisse dire *cela est mien plutôt que d'autruy.* Ny on ne peut attribuër d'action à la multitude, comme étant à elle en propre : Mais si tous ou plusieurs en sont demeurés d'accord, ce sont autant d'actions que de gens à s'en accorder. Et quand on vient à parler de quelque sedition arriuée en vn Etat, & qu'on dit que le peuple y a pris les armes;

DE LA POLITIQVE. 79

on ne doit entandre cela que des gens qui de vray les y ont prises, ou en ont été d'auis : Car dés-là que l'Etat est, il n'est plus qu'vne personne, & ne peut s'armer contre soy. Or à ce compte, Quoy-que fasse vne multitude de gens, nul ne le fait que les gens qui de vray y contribuënt ; & qu'on se soit trouué parmy sans y auoir contribüé, on n'est pas censé l'auoir fait. D'ailleurs en toute multitude auant qu'elle se soit vnie en vne seule personne, ainsi que i'ay expliqué, on est toûjours dans cet Etat de Nature où toutes choses sont à tous. On n'a donc rien à soy en propre, il n'y a point de ce *Mien* & de ce *Tien* qu'on nomme *Domaine & Proprieté*. Le tout faute des seuretés que i'ay fait voir nécessaires à viure dans l'exercice des Loix de Nature.

CHAPITRE VI.

11. Considerons en second lieu que pour établir vn Etat il faut comancer par là : Qu'vn chacun de ceux qui s'assemblent y soit d'accord auec tout autre, *Que quoy qu'on vienne à proposer, qui que ce soit qui le propose, on prendra pour la volonté de tous, ce qu'ils voudront pour la plus-part.* A moins que cela vne multitude d'hommes si differens en désirs & sentiments, n'auroit iamais de volonté ; & ainsi ne pourroit prendre aucune résolution. Que si quelqu'vn s'y oppose, ou s'abstiene d'y consentir, les autres ne laisseront pas de faire vn Etat sans luy : Et ainsi l'Etat retiendra son premier droit contre luy, ie veux dire son droit de guerre, comme contre son ennemy.

L'Etat comance & s'établit par le droit du plus grand nombre qui en demeure d'accord.

III. Et d'autant que dans l'article sixiéme du cha-

CHAPITRE VI.

Vn chacun retient son droit de se deffandre soy-mesme ainsi qu'il auisera tant qu'il n'a pas ses seuretés de se départir de ce droit.

pitre précedent i'ay démontré que pour auoir les seuretés dont il s'agit, ce n'étoit pas assez qu'on fût d'accord & qu'on agît de concert; qu'il falloit se rendre sujet, & soûmettre ses volontés quant aux choses nécessaires à la paix & à la deffençe; & que dans cette vnion & subjetion consistoit la Nature de l'Etat : Il faut voir içy quelles choses sont necessaires à la paix & à la deffançe du public, de tout ce qu'on peut proposer, discuter, & établir dans vne Assemblée de gens, où toutes les volontés soient contenuës dans celle de la plus-part. Et en premier lieu, pour viure en paix au dedans, il faut nécessairement que chaque particulier y soit en seureté des autres : ie veux dire qu'au besoin il soit protegé contre eux : au moyen dequoy il ait raison de se fier que ne faisant tort à personne, personne ne luy en fera. Il est vray qu'il n'est pas possible de donner de seuretés qu'on ne soit ny tué, ny offençé injustement : Et cela par conséquent ne tombe point en deliberation : mais il y a moyen de pouruoir qu'on n'ait pas sujet de le craindre : Car la seureté est la fin pour laquelle on s'asujettit; qui ne l'a pas est censé ne s'estre point rendu sujet, & n'auoir point perdu son droit de se deffandre luy mesme, comme bon luy semblera : Et il n'est pas à croire aussi qu'on se departe de son droit sur toutes choses, qu'on n'y ait ses seuretez.

Qu'il faut pour telle seuretés vne puissance à contraindre.

IV. Aussi pour telles seuretés quand on va faire vn Etat, ce n'est pas assés qu'vn chacun s'oblige par pacte aux autres, soit de parole ou par écrit, *De ne tuer*

DE LA POLITIQVE 81

tuër point, ne dérober point, & garder semblables loix: Car on void par expériençe, qu'ôté la crainte de la peine, la consciençe des promesses ne contient guére en déuoir. Il ne faut donc pas pouruoir à cette seureté *par pactes, mais par peines*: Et c'est assés y pouruoir, que d'établir de telles peines à toute injure, que ce soit visiblement vn plus grand mal de la faire, que de ne la faire pas : Car l'homme choisit néçessairement ce qu'il y a aparençe qui luy soit vn plus grand bien.

v. On donne ce droit de punir quand vn chacun s'oblige par pacte à ne secourir point celuy qui deura étre puny : Et l'on peut apeller ce droit, *Le droit du Glaiue de Iustiçe*. Et quant à ce pacte, nul n'y manque guere, si ce n'est luy qu'on aille punir ou quelqu'vn de ses parents.

CHAPITRE VI.

Ce que c'est que le droit de l'épée ou glaiue de Iustiçe.

vi. Quand donc pour les seuretés de chaque particulier, & pour les faire viure en paix, il faut necessairement qu'ils transportent à *Quelqu'vn* ce droit de punir, & que si ce n'est à vn homme seul & vnique, ce soit à vne Assamblée ou Conseil de quelques hommes : il est éuident que cet homme ou cette Assamblée d'hommes reçoit auec ce droit l'*Authorité Souueraine* : Car qui punit auec droit qui bon luy semble, le contraint auec droit à tout ce qu'il veut : Et c'est là l'authorité la plus grande qu'on se puisse imaginer.

Que le glaiue de Iustiçe est au Souuerain de l'Etat.

vii. Or en vain viuroit-on en paix les vns auecque les autres si l'on ne pouuoit se deffandre de l'Etranger ; & on ne peut s'en deffandre, si l'on

Que le glaiue de guerre est aussi à luy.

L

CHAPITRE VI.

n'a ſes forces vnies. Il faut donc necéſſairement que pour ſe conſeruer chacun en particulier & tous en general, il y ait *vn Conſeil de quelques hommes*, ou *vn homme ſeul & vnique* ayant droit d'armer, aſſembler, vnir au beſoin pour la deffance du public tout ce qu'il faudra de ſujets, ſelon le nombre & les forces des ennemis, & auſſi de faire quand il faudra la paix auec l'ennemy. On doit donc entandre que chaque ſujet a tranſporté en vn ſeul homme, ou en vn ſeul Conſeil d'hommes, tout ce droit de paix & de guerre. Meſmes il faut que ce droit (qu'on peut nommer aſſés bien *le glaiue de guerre*) ſoit au meſme homme ou conſeil d'hommes qui a celuy *de Iuſtice*. Car on ne peut auec droit contraindre le ſujet à prendre les armes, & fournir aux frais de la guerre, ſi l'on ne peut auec droit punir qui dés-obeïra. *Ainſi par l'établiſſement meſme de l'Etat, le droit de l'épée, tant de guerre que de Iuſtice, tient eſſantiellement à la Puiſſance Soueueraine.*

Que ſeul il juge de tout.

VIII. Et quand *le droit de l'épée* n'eſt rien autre choſe que de pouuoir auec droit ſe ſeruir de l'épée comme on jugera : il ſuit que le droit de juger du droit vſage de l'épée, eſt & apartient à celuy qui a le droit de l'épée. Car qu'il y eût dans l'Etat deux hommes ou Conſeils-d'Etat, l'vn ayant le droit de juger, l'autre celuy d'executer, il n'y auroit rien de fair. Car en vain jugeroit celuy qui ne pourroit pas faire exécuter ſes jugemens : & qui feroit exécuter ce qu'vn autre auroit jugé en vertu du droit de cet autre, n'auroit pas le droit de l'épée, mais ſeroit ſeulement le Ministre & Officier de l'autre. Ainsi *Tout droit de juger est & apartient à celuy qui a le droit de l'épée, ie veux dire au Souuerain.*

CHAPITRE VI.

IX. Et quand il vaut mieux pour la paix de préuenir que d'assoupir les querelles; & que les querelles & demelez vienent de ce que les hommes sont de differens aduis touchant *le Mien, & le Tien; le iuste & l'injuste; l'vtile, & l'inutile; le bien, & le mal; l'honéte, & le des-honéte,* & choses semblables: Il est de la Puissance Souueraine de prescrire des regles ou mesures à seruir à tous en general, & à chacun en particulier, & les déclarer publiquement, Au moyen dequoy chacun sçache ce qu'il a droit de nommer sien, ou d'autruy; iuste, ou iniuste; honéte, ou des-honéte; bon, ou mauuais; En vn mot, ce qu'on doit faire, ou fuir dans le cours de la vie Ciuile. Or on apelle ces regles-là & mesures *Loix Ciuiles, ou loix de l'Etat,* comme estant les *Commandemens du Souuerain* de l'Etat Les *Loix Ciuiles* donc (que nous les définissions) ne sont autre chose, *Que les Commandemens du Souuerain, quant aux actions à faire par ses sujets.*

Que c'est luy qui fait les Loix.

X. Aussi comme il n'est pas possible qu'vn homme seul ou conseil d'hommes administre seul, sans Ministres ou Officiers & Magistrats sub-ordonnez toutes les affaires d'Etat, tant pour la paix que pour la guerre, & qu'il importe à la paix & à la deffençe du public, que ceux qui doiuent iuger les suiets, penetrer dans le secret des voisins, faire la guerre, & en vn mot, pouruoir en toutes choses au bien pu-

Qu'il crée seul les Magistrats & les Ministres d'Etat.

L ij

CHAPITRE VI.

Que seul il a droit de co-noître des dogmes qu'-on y enseigne.

blic, s'acquittent bien de leurs charges: La raison veut qu'ils dépandent du Souuerain de l'Etat, & qu'il ait *droit de les élire*.

XI. Il est aussi éuident que toute action volontaire vient de la volonté, & en dépend nécessairement; & que la volonté de faire ou ne faire pas vient de l'opinion qu'on a du bien & du mal, & de la recópense ou de la peine à venir de l'action ou obmission: & que c'est là la raison qu'on regle ses actions sur ses propres opinions. Il est donc tres-éuident, qu'il importe sur toutes choses au bien & au repos de l'Etat, Qu'on n'y propose point d'opinions ou dogmes à faire accroire aux Sujets qu'il leur soit iamais loisible de n'obeïr point aux Loix Ciuiles; ie veux dire de des-obeïr au Souuerain, quand c'est luy seul qui fait les Loix; ou qu'ils ayent droit de luy résister; ou qu'en luy obeïssant ils encourront de plus grandes peines, que s'ils luy des-obeïssent. Car posé qu'il y eût deux hommes ou Conseils d'Etat Souuerains ayans droit de commander, l'vn de faire sur peine de mort, & l'autre de ne pas faire sur peine de damnation: non seulement les sujets y pourroient être justement punis sans être coupable: mais ce seroit l'Etat détruit. Car on ne peut seruir à deux Maistres; & qu'on croye deuoir obeïr à quelqu'vn sur peine de mort éternelle, il n'est pas moins Maistre, mais au contraire beaucoup plus, que celuy à qui l'on n'obeït que simplement crainte de mort. On void donc que *le Souuerain a aussi droit de juger* * *quelles opinions & dogmes sont contre le repos*

* *Voyés les Remarques.*

public ; & deffandre qu'on les enseigne.

XII. Enfin de ce qu'on n'est sujet que pour avoir assujetty sa volonté à celle du Souuerain, à n'auoir plus de droit d'vser de ses forces contre luy: On void que *le Souuerain peut tout faire impuné- ment :* Et comme on ne sçauroit chatier par force quand on n'a pas seulement la force de résister; on ne punit point auec droit celuy qui a tant de droit qu'on n'en a plus contre luy.

CHAPITRE VI.
Qu'il peut tout faire impunément.

XIII. On void par les choses que i'ay dites, Qu'en tout Etat parfait, ie veux dire où le Sujet n'a plus droit de se seruir à son gré de ses forces & facultés naturelles pour se deffandre luy-mesme, & que le droit de l'épée est deffandu & interdit au simple particulier, il y a nécessairement *Quel- qu'vn* ayant tant d'authorité, qu'on ne sçauroit auec droit la conferer plus grande, ny en auoir d'auan- tage sur soy mesme : Et cette authorité la plus gran- de à transporter en autruy s'apelle pour cela mesmes *l'Authorité absolue :* * Car en soûmettant sa volonté à celle de l'Etat, Qu'il puisse tout impunément, Qu'il ait droit de faire les Loix, de iuger tous dif- ferens, de faire châtier qui il voudra, en vn mot, de se seruir à son gré & *bon plaisir* de la force & des moyens de tous les Sujets : on luy a donné l'Au- thorité la plus grande qu'il se puisse. On peut con- firmer cela par l'expérience de tous les Etats qui sont ou qui ont iamais été. Et quand on viendroit à douter à quel Homme ou Conseil d'hommes apartiendroit l'authorité Souueraine, elle ne lais-

Que les Su- jets luy ont donné l'au- thorité abso- luë, & la puis- sance Sou- ueraine.

* *Voyés les Remarques.*

L iij

CHAPITRE VI.

feroit pas d'y eftre, & on l'y exerce toûjours, hors en temps de fédition & Guerre Ciuile, que pour vne feule puiffançe il y en a deux dans l'Etat. Car quant aux féditieux qui viennent difcourir contre, ce n'eft pas tant pour l'abolir que pour la tranfporter à d'autres : Puis qu'ôté cette puiffançe il n'y a plus d'Etat, & la confufion de toutes chofes retourne.

Et luy doiuent obeïffançe pure & fimple.

XIV. Maintenant quand le Souuerain a ce droit fi abfolu, l'obeïffançe des Sujets doit eftre auffi grande qu'il la faut néceffairement pour le gouuernement de l'Etat, ie veux dire fi grande que ce droit n'ait pas été tranfporté en vain. Et quoy que pour certaines caufes on ait droit quelquefois de réfufer de la rendre : toutefois comme il ne fçauroit y en auoir de plus grande, on l'apelle pour cela mefmes *Obeïffançe pure & fimple* : Et quant à l'obligation qu'on a de la rendre, elle ne vient pas immédiatément du pacte, par lequel on a tranfporté fon droit à l'Etat ; elle en vient médiatement, parce qu'à moins que cela le droit de commander Souueraine ment feroit en vain, c'eft à dire ne feroit point, ny par confequent l'Etat. En effet c'eft autre chofe que ie die, *Ie vous donne le droit de commander toutes chofes* : autre chofe fi ie dis, *Ie feray fans exception, quoy que vous me commandiés.* Car on pourroit me commander telle chofe que i'aymerois mieux mourir. Puis donc que nul n'eft tenu à vouloir eftre tué : beaucoup moins le fera-t il à ce qu'il tient pire que la mort. Si donc on me vient commander que ie me tuë moy-mefme ie n'y fuis point tenu : car que ie

DE LA POLITIQVE. 87

refuſe cela, mon refus ne rend pas en vain le droit de commander Souuerainement ; puis que d'autres le feront dés qu'on le leur commandera ; & que ce refus n'eſt point de choſe que i'aye promiſe. De meſme ſi le Souuerain me commande que ie le tuë ie n'y ſuis point tenu ; & il ne peut eſtre cenſé qu'on luy ait promis cela. Et de meſme il n'eſt pas à croyre qu'on ait promis de tuër ſon propre pére, ſoit innocent ou coupable, & fût-il condamné par Iuſtice, quand il y a aſſez de gens pour cela, & qu'vn fils aymeroit mieux mourir que de viure infame aprés auoir tüé ſon pére. Ainſi en diuers autres cas telle choſe commandée eſt honéte à faire à tel homme, qui ne l'eſt pas à tel autre: Le premier donc peut obeïr auec droit, où le ſecond refuſe auec droit d'obeïr : & tout cela ſans préjudice du pouuoir abſolu déféré au Souuerain, puis que iamais on ne luy ôte ſon droit de faire tuër qui refuſe d'obeïr : Au reſte qu'vn Souuerain fiſt ainſi mourir ſon Sujet, quoy qu'ayant droit de le faire: comme ce ſeroit en vſer contre la droite raiſon, il pecheroit contre la loy de Nature, ce qui eſt pecher contre Dieu.

CHAPITRE VI.

x v. On ne peut ſe rien donner ſoy meſme, puis qu'on a deſia tout ce qu'on peut ſe donner ; ny on ne peut s'obliger à ſoy-meſme auſſi. De vray en ce cas: celuy qui tiendroit obligé ſeroit le meſme que celuy qui ſeroit tenu : Mais celuy qui tient peut toûjours libérer celuy qu'il tient: En vain donc s'obligeroit-on à ſoy-meſme, puis qu'on pourroit ſe libérer quand on voudroit, & que dés-là qu'on le

Qu'il n'eſt point tenu aux Loix Ciuiles.

peut on est actuëllemét libre: Or cela fait voir que l'E-
tat n'est point tenu aux Loix Ciuiles: car les Loix Ciuiles sont les Loix de l'Etat: & qu'il y fût obligé, ce
seroit l'estre à soy-mesme: ny il ne peut estre obligé à son Sujet: car on peut libérer à sa volonté celuy qu'on tient obligé: Le Sujet donc pourroit à sa
volonté liberer l'Etat, mais il le veut quand l'Etat
le veut (puis que la volonté de l'Etat comprend celle de tous les Sujets, & qu'ils veulent tous par luy:)
l'Etat est donc liberé quand il luy plait; & ainsi il
est actuëllement libre. Maintenant la volonté de
cet Homme seul & vnique, ou de ce Conseil & Assamblée d'hommes à qui l'on a conferé l'authorité
Souueraine, est la volonté de l'Etat: elle contient
donc toutes les volontez des Sujets: & par conséquent *le Souuerain de l'Etat n'est obligé ny aux Loix Ciuiles*, (ce qui seroit l'estre à soy-mesme,) *ny a pas vn
de ses Sujets*.

Que nul ne peut rien auoir à soy en propre contre luy.

XVI. Et d'autant que comme i'ay expliqué auant
l'Etat étably toutes choses sont à tous les hommes;
Qu'on ne sçauroit dire de la moindre chose *cela est
mien*, que tout autre n'en die autant; & que quand
tout est en commun, personne n'a rien en propre:
On void que* *la proprieté & droit de Domaine a com-
mançé auec l'Etat*; Et qu'on y a à soy en propre ce
qu'on a droit de retenir par les Loix & par la puissance de l'Etat, ie veux dire *de par celuy* à qui l'on
a déferé la puissance Souueraine. Or il suit de là
que si le Sujet a quelque chose à soy en propre, c'est
que les autres Sujets n'y ont pas le mesme droit,
qui

* *Voyés les Remarques.*

DE LA POLITIQVE.

CHAPITRE VI.

qui sont tenus aux mesmes Loix: Mais il ne l'a pas tellement à soy en propre que le Souuerain n'y ait droit : quand tout ce qu'il commande est Loy; que sa volonté contient celle de tous ses Sujets; & que seul il iuge de tout. Et combien que l'Etat permette force choses à ses Sujets, à tel point que bien souuent on peut mesmes le plaider : ce ne sont pas là neanmoins *actions ciuiles*, mais sulement *de l'equité naturelle* : & il ne s'y agit pas de ce que le Souuerain * *peut de droit* ; mais de ce qu'il *a voulu* ; & ainsi il en est Iuge, comme si conoissant bien l'équité de telles causes, il ne pouuoit en mal iuger.

* *Voyés les Remarques.*

XVII. La Loy de Nature défand *le larçin, l'homicide, l'adultére, & toutes injures*: Mais c'est à la Loy Ciuile à déterminer quelles actions du Suiet on appellera de la sorte. Car le larçin n'est pas de prendre à autruy ce qu'il possede : mais de prendre le bien d'autruy : & de sçauoir ce qui est nôtre ou d'autruy, c'est vne question de Loy Ciuile. De mesme ce n'est pas tousiours vn homicide que de tuër vn homme, mais seulement aux cas que la Loy Ciuile deffend; & ainsi de l'adultere. Enfin c'est faire vne injure que de violer sa promesse quand ce qu'on a promis est loisible : Mais où l'on n'a point droit de pactiser & promettre, on ne transporte point de droit, & il n'en peut venir d'injure, ainsi que i'ay expliqué au chapitre second dans l'article dix-sétiéme, & c'est la Loy Ciuile qui détermine quels pactes on fait, & dequoy. La Republique de Lacedemone permetoit au ieunes

Qu'on aprend des Loix ciuiles, Que c'est que le larçin, l'homicide, l'adultére & l'injure.

M

gens de se prendre l'vn l'autre certaines choses, & les faire siennes, si l'on n'estoit pris sur le fait. C'étoit donc là vne Loy qu'on peut ôter à autruy & faire sien ce qu'on acquerroit de la sorte. C'est encore bien tuër que de tuër en guerre, ou en son corps défendant. Ainsi tel commerce qui tiendra pour mariage dans vn Etat, sera tenu adultere dans vn autre. Mesmes les pactes de mariage qui le rendent bon & valide pour tel particulier, ne le font pas tel pour tel autre du mesme Etat: Car si l'Etat le luy deffend (c'est à dire le Souuerain) il luy ôte le droit d'y faire de pacte valide : ce n'est donc pas vn mariage : & tout au contraire s'il ne m'est pas defendu de faire vn tel pacte, ie le fais valide, & ainsi c'est vn mariage. Et qu'on fasse auec serment * ou Sacrement le mariage defendu, cela ne le valide point ; quand le serment ne valide point le pacte, ainsi que i'ay expliqué dans l'article vingt-deuxiéme du chapitre second. *On conoît donc par la Loy Ciuile, & c'est à dire par les Ordres du Souuerain : Qu'est-ce que larcin, homicide, adultére, en vn mot, quelque injure que ce soit.*

Voyés les Remarques.

XVIII. Beaucoup de gens trouue cette *Authorité Souueraine & ce pouuoir absolu* quelque chose de si dur, que mesmes les noms leur en sont fort odieux. Cela leur vient d'ignorance, & qu'ils n'ont pas consideré quelle est la Nature de l'homme & quelles les Loix de Nature : mais peut aussi venir en partie de la faute des Souuerains qui en abusent. Pour donc éuiter ce grand inconuenient (car c'est

De ceux qui voudroient vn Etat sans qu'il y eût de Souuerain.

CHAPITRE VI.

DE LA POLITIQVE. 91

ainſi qu'ils l'apellent) de cette puiſſance ſans bor- CHAPITRE
nes, ils croyent vn Etat bien établý, ſi ceux qui VI.
deuront en eſtre s'étant aſſamblés, conuienent de
certains articles propoſés, agités, & aprouués dans
l'aſſamblée, auec ordre de les garder ſous peines
établies aux contreuenants : Auſſi pour obſeruer
cela, & pour ſe garantir de l'ennemy étranger, ils
preſcriuent certains reuenus limités à condition que
s'ils ne ſuffiſent pas on s'aſſamblera derechef. Mais
qui ne void que dans l'Etat ainſi établý l'aſſamblée
qui a ordonné ces choſes a eu le *pouuoir abſolu*. Si
donc elle continuë, & que de temps en temps elle
ſe raſſamble à certain jour, & certain lieu, cette
puiſſance continuë auſſi. Que ſi elle ceſſe abſolûment ou l'Etat ceſſe d'abord, & en ce cas on re-
tombe dans l'Etat de Guerre : où ils laiſſent quelque part la puiſſance de punir les Tranſgreſſeurs de
la Loy, de quelque qualité & condition & en quelque
nôbre qu'ils puiſſent eſtre, Ce qui ne ſe peut qu'auec
le pouuoir abſolu. En effet quiconque a de droit tout
ce qu'il luy faut de forces pour contenir en deuoir
& châtier quelque nombre que ce ſoit de ſimples
particuliers, à vne telle puiſſance, que tous ſes ſujets enſemble n'ont pû la luy donner plus grande.

XIX. Il eſt donc évident qu'en tout Etat il y a *Les marques*
Quelqu'vn ie veux dire vn Homme ſeul & vnique, *de la puiſſance*
ou vn Conſeil de quelques hommes, ayant de *Souueraine.*
droit autant de puiſſance ſur chacun de ſes ſujets
qu'vn chacun en auoit ſur ſoy auant l'Etat établý;

M ij

CHAPITRE VI.

Et qu'il a par ce moyen la puissance Souueraine, Absoluë, & sans autres bornes que celles des forces de tout l'Etat. Car si son pouuoir étoit limité ce seroit par vne puissance plus grande, puis que c'est toûjours le plus grand qui renferme & contient le plus petit : Cette puissance donc qui contraindra la premiére sera-elle mesme sans bornes, ou en aura vne troisiéme plus grande qui la contiene de mesme : Et enfin on en viendra à quelqu'vne sans autres bornes que celles des forces de tous les suiets ensamble. On appelle aussi cette puissance l'*Authorité Souueraine* : & si c'est à vn Conseil ou Assamblée de quelques hommes qu'on l'ait donnée, c'est luy *le Conseil Supréme ou le Souuerain Conseil de la République ou Etat* : & si c'est à vn Homme seul, on l'apelle *le Roy, le Monarque, le Souuerain Seigneur de l'Etat*, simplement *le Souuerain*. Enfin les marques de l'authorité Souueraine & pleine-puissance, sont *de faire, & abroger Loix ; de faire la guerre, & la paix ; de conoître & juger de toutes affaires & differens, soit par soy ou par ses Iuges ; de créer & établir tous tels Iuges, Magistrats, Conseillers, Ministres & Officiers* : En vn mot, si quelqu'vn a droit à l'exclusion de tout autre, & de tous autres de faire quoy que ce soit, c'est luy seul le Souuerain : & qui montre en le faisant qu'il a le droit de l'Etat.

A comparer l'Etat à l'homme, le Souuerain est à l'Etat ce que l'ame est à l'homme.

XX. Ceux qui comparent l'Etat à l'homme, & ses Suiets aux membres du corps humain, disent presque tous que le Souuerain est à tout l'Etat, ce que la teste est à l'homme. Mais on voit sur ce que i'ay dit que le Souuerain n'eſt pas à l'Etat comme la teſte, mais comme l'*ame*. Car on n'a de volonté ny on ne ſçauroit vouloir ou ne vouloir pas, que par ſon ame, & c'eſt par le Souuerain ſeul que l'Etat veut, ou ne veut pas. Il eſt mieux de comparer à la teſte les Conſeillers ou Miniſtres, ou le Miniſtre d'Etat s'il eſt vnique, de qui ſeul le Souuerain prend conſeil aux choſes de conſequence: car c'eſt la teſte qui conſulte: & l'ame ſeule qui commande.

CHAPITRE VI.

XXI. S'il eſt vray que la puiſſance Souueraine s'établiſſe par les pactes que les Suiets font entre eux; & que les pactes (comme ils n'ont de force que par la volonté de ceux qui les font) puiſſent de leur conſentement ceſſer d'obliger: on pourroit conclure de là, que l'authorité Souueraine pourroit être reuoquée du conſentement de tous les Sujets enſamble. Cependant, quand cela feroit, ie ne voy pas qu'il en arriuât d'inconuenient aux Souuerains: Car on ſuppoſe que tout Sujet s'y ſoit obligé à tout autre: Pourueu donc qu'il s'en trouue vn qui ne ſoit pas de cet auis, les autres n'y ont plus droit; ils doiuent luy tenir parole; & feroient injuſtement de ne la luy tenir pas. Or il n'y a pas lieu de craindre qu'on voye iamais tous les Sujets d'vn Etat, ſans en excepter vn ſeul, s'accorder enſamble à réuoquer l'authorité Souueraine: Il n'y a donc pas à craindre que les Souuerains en ſoient iamais dépoüillez auec juſtice. Cependant ſi l'on accordoit que le droit des Souuerains vint du pacte de chaque ſujet à tout autre, ils ſeroient fort expoſez à s'en voir dépoüiller aiſé-

Que de ce qu'on a étably par pactes la puiſſance Souueraine, on n'a plus droit de la réuoquer.

ment; sous prétexte de justice. Car des-là que les Sujets sont en Assambée, soit legitime & conuoquée par le Souuerain, ou s'y estans rendus par tourbes, comme on fait aux seditions, beaucoup de gens s'imaginent que le consentement de tous soit contenu dans celuy de la plus-part : mais ils se trompent en cela : car ce n'est pas la Nature qui a fait que le consentement de la plus-part passât pour celuy de tous ; & il n'est pas vray aux seditions : cela vient d'institution Ciuile ; & n'est vray que quand le Souuerain ayant conuoqué ses Sujets, pour telles affaires que bon luy semble, veut, attendu leur grand nombre, que leurs Députés ayent droit d'y parler pour tous, & qu'ayans compté leurs suffrages & auis, la plus forte voix l'emporte, & passe pour celle de tous. Or il n'y a pas lieu de croyre que le Souuerain en conuoquant ses Sujets ait entendu que ce fût pour disputer de son droit, sinon que lassé de regner il le déclare expressement, & fasse abdication. Et parce que beaucoup de gens prenent par ignorance pour l'auis de tout l'Etat non-seulement celuy de la plus part des Sujets, mais celuy d'vn petit nombre qui sera de leur aduis : ces gens pourroient s'imaginer qu'on auroit droit de reuoquer l'authorité Souueraine, pourueu seulement que ce fût dans quelque grande Assamblée de Sujets, & par pluralité de voix. Mais quoy que l'Etat s'establisse par les pactes de tout sujet à tout autre, le droit de pouuoir absolu ne depend pas seulement de cette obligation : On s'y oblige au

DE LA POLITIQVE

CHAPITRE VI.

Souuerain : & quand tout fuiet dit à tout autre en cette forte, *Ie tranfporte mon droit à cet homme, à condition & afin que vous luy tranfportiés le vôtre*, le droit qu'il auoit d'vfer & fe feruir à fon gré de fes propres forces pour fon bien en fon particulier, fe trouue tout tranfporté en cet Homme dont ils conuienent. Quand donc tout fuiet s'oblige non-feulement à tout autre, mais encore au Souuerain : & qu'aprés luy auoir fait donation de tout fon droit, il doit la luy faire bonne : l'authorité du Souuerain fe trouue affermie par vne double obligation, l'vne des fuiets entre eux, l'autre d'eux au Souuerain : D'où il fuit *Que les Sujets en quelque nombre qu'ils foient ne peuuent dépofer auec droit le Souuerain que de fon confentement.*

LES

LES ELEMENS DE LA POLITIQVE.

CHAPITRE SEPTIESME.

Des trois especes d'Etat, la Démocratie, l'Aristocratie, & la Monarchie.

I. *Qu'il n'y a que trois especes d'Etat ;* la Democratie, l'Aristocratie, & la Monarchie. II. *Que* l'Oligarchie *n'est pas un Etat differend de l'Aristocratie ; & que* l'Anarchie *n'est point du tout vn Etat.* III. *Que la* Tyrannie *n'est point vne espece d'Etat differente de la Monarchie légitime.* IV. *Qu'il n'y a point d'Etat mêlé de ces especes là.* V. *Que la Démocratie ne subsiste point qu'on n'y établisse de s'assembler de temps en temps, & en certain lieu.* VI. *Qu'en toute Démocratie il faut de deux choses l'vne : Qu'il n'y ait pas grand temps d'vne assemblée à l'autre ; ou que pour ce temps on donne à quelqu'vn l'exercice de la puissance Souueraine.* VII. *Dans la Démocratie vn chacun s'oblige par pacte à tout-autre d'obeïr au peuple : mais le peuple ne s'oblige à personne.* VIII. *Par quels actes s'é-*

tablit l'*Aristocratie*. IX. *Dans l'Aristocratie les Seigneurs &*
Etats ne permettent rien ; & ne sont obligés ny a pas-un des
sujets en particulier, ny à tous ensamble. X. *Les Seigneurs &*
Etats doiuent s'assembler à certains temps. XI. *Par quels*
actes s'établit la Monarchie. XII. *La Monarchie pour l'Au-*
thorité absoluë qu'on luy defere n'est obligée à personne. XIII.
La Monarchie est toûjours en puissance prochaine d'exercer tous
actes nécessaires au gouuernement de l'Etat. XIV. *Quel genre*
de peché c'est & quels hommes, quand les sujets ne s'acquitent
pas de leur deuoir enuers l'Etat, ou l'Etat enuers les sujets. XV.
Le Monarque à qui l'on n'a point limité le temps de son Re-
gne se peut élire un Successeur. XVI. *Des Monarques qu'on*
fait pour un temps. XVII. *Il n'est point censé que le Monar-*
que quand il retient son Droit de Souuerain, ait transporté com-
ment que ce soit le droit aux moyens nécessaires à la Souuerai-
neté. XVIII. *Par quelles voyes on est liberé de* Subjection
à l'Etat.

Qu'il n'y a I. J'Ay parlé en general *de l'Etat par in-*
que tous espe- stitution, maintenant ie vay parler
ces d'Etat, la de ses Especes. La difference des
Democratie, Etats se prend de celle des personnes
l'Aristocra- à qui l'on a confié la puissance Sou-
tie, & la Mo- ueraine. Or on commet cette puissance ou à *un hom-*
narchie. *me seul & unique*, ou *à quelques hommes ensemble*,
& derechef si c'est à vne Assamblée ou Conseil de
plusieurs, c'est ou *de tous*, les particuliers, en sorte
qu'il n'y en ait pas vn d'exclus, & qui n'ait son droit
d'entrer dans l'Assamblée, & de donner son suffrage en toutes affaires d'Etat : ou c'est seulement
d'une partie. De là vienent trois especes d'Etat; la
premiere ou la puissance Souueraine appartient à vne
Assemblée & Conseil d'Etat, où chaque sujet a droit

DE LA POLITIQVE

d'aſſiſter, & de donner ſon ſuffrage; & on la nomme *Démocratie* : la ſeconde où l'authorité Souueraine apartient à vne Aſſamblée ou Conſeil d'Etat, où ſeulement *certaine partie* des Sujets a droit de voix déliberatiue, & on la nomme *Ariſtocratie* : La troiſiéme où la puiſſance Souueraine apartient à *vn homme ſeul & vnique*, & on la nomme *Monarchie* Dans la premiere de ces eſpeçes, la perſonne qui gouuerne s'apelle *le peuple* ; la ſeconde ce ſont *les Grands de l'Etat* ; ou comme d'autres les apellent, *Meſſieurs les Etats & les Seigneurs* : Dans la troiſiéme, *le Monarque*.

CHAPITRE VII.

11. Ce que quelques anciens Autheurs de Politique reconnurent trois autres eſpeçes d'Etat opoſées à ces trois, chacune à la ſiene, c'eſt à ſçauoir l'*Anarchie* ou confuſion à la Démocratie; l'*Oligarchie*, ou le gouuernement de peu de gens à l'Ariſtocratie ; & *la Tyrannie*, ou le gouuernement d'vn mechant homme à la Monarchie ; ce ne ſont pas là trois autres eſpeçes d'Etat ; mais ſeulement trois autres noms qu'on leur donna, de ce qu'on n'y aymoit point la forme du gouuernement, ou les gens qui gouuernoient. Car les hommes quand ils impoſent des noms, & s'en ſeruent, n'y deſignent pas ſeulement les choſes, mais auſſi leurs paſſions, telles que l'amour, la haine, la colere, & les autres. De là vient que tel apelle *Anarchie*, ce que tel autre apelle *Démocratie* : que quelques-vns ſoutienent *Oligarchie*, ce que d'autres ſoutienent *Ariſtocratie* : & qu'enfin l'vn nomme *Tyran*, celuy que l'autre apelle *Roy*.

Que l'Oligarchie n'eſt pas vn Etat différent de l'Ariſtocratie & que l'Anarchie, n'eſt point du tout vn Etat.

CHAPITRE VII.

Ces noms ne signifient donc pas diuerses sortes d'Etat, mais les diuers sentimens qu'on y a du Souuerain: Et de vray, qui ne void en premier lieu que l'Anarchie est également opposée aux trois espeçes d'Etat? Car on entend par ce terme l'*Anarchie*, qu'on soit sans gouuernement: c'est à dire sans Etat: & comment est-il possible que le non Etat soit vne espeçe d'Etat? D'ailleurs quelle différence trouuer entre l'*Oligarchie*, qui veut dire le gouuernement de peu de gens, & l'*Aristocratie*, qui est celuy des Seigneurs, des Principaux ou Grands de l'Etat, qu'on apelloit par excellençe *les Meilleurs*, ou les *Tres-bons*, (d'où vint le nom d'Aristocratie) sinon que les hommes sont differens entre eux; & que toutes choses ne leur étant pas également bonnes, les mesmes gens seront *Tres-bons* pour les vns, & *Tres-mauuais* pour les autres?

Que la Tyrannie n'est point vne espeçe d'Etat differente de la Monarchie légitime.

III. Aussi que *la Tyrannie* pour la forme du gouuernement ne différe point de *la Royauté*, mal aisément pourroit on le persuader à beaucoup de gens, à cause de leurs passions: car quoy qu'ils aymassent mieux l'Etat gouuerné par *vn homme seul* que par *plusieurs*, ils ne croyent pas pourtant qu'il le soit bien, s'il ne l'est à leur phantaisie: Mais c'est de la raison, & non de ses passions qu'il faut aprendre la différençe d'entre le Roy & le Tyran. Or ils ne different point que la puissançe de l'vn soit plus grande que de l'autre; quand il n'y a point de puissançe plus gráde que la Souueraine: ny que l'vn ait sa puissançe limitée l'autre sans bornes; puis que l'auoir limitée seroit n'estre pas Roy, mais Sujet de qui la limiteroit: ny par la façon d'acquerir; car que dans vn Etat de République populaire ou autre vn simple particulier viene à s'emparer par force de la puissance Souueraine, si les autres y consentent, le voilà *Roy & Monarque* legitime; & s'ils n'y consentent pas, c'est l'ennemy, & non le *Tyran* de l'Etat: *Le Roy* donc & le *Tyran*, ne different que par leur façon de gouuerner: & c'est à sçauoir qu'on apelle *Roy* celuy qui regit iustement, & *Tyran* qui gouuerne mal. On en vient donc là que premierement il y ait *vn Roy* legitimement étably; & qu'apres cela ses sujets l'apellent *Roy* ou *Tyran*, selon qu'ils jugent qu'il gouuerne bien ou mal. D'où il suit enfin que le Royaume & la Tyrannie ne sont pas différentes especes d'Etat. Mais seulemét qu'on donne au mesme Monarque le nom de *Roy* par hôneur, celuy de *Tyran* par outrage. Quant à ce qu'on void dans les liures tant de Déclamations & d'inuectiues contre les Tyrans, cela vient des Autheurs Grecs & Romains, qui pour viure en Republique, soit populaire ou de Seigneurs, auoient en auersion le gouuernement Monarchique.

IV. Beaucoup de gens vous diront qu'il est bien vray qu'il faut nécessairement qu'on ait quelque part dans l'Etat la puissance Souueraine; mais, disent-ils, si c'étoit *vn homme seul*, ou seulement *vne Assemblée & Conseil* de quelques hommes qui l'eût, tous les autres seroient *Esclaues*. Pour donc éuiter ce grand inconuenient, & ne tomber pas dans cette condition d'*Esclaues*: ils font vne espece d'Etat mélé des trois

Qu'il n'y a point d'Etat mélé de ces trois especes.

CHAPITRE VII.

que i'ay dites, & différent de chacune, qu'ils apellent Monarchie, Aristocratie, ou Democratie, *Mixte*, ou comme ils disent *Temperée*, selon l'espece qui y prédomine. Par exemple, si c'estoit au Roy de nommer les Magistrats, & faire la guerre & la paix; Que les Seigneurs y jugeassét les affaires; Que le peuple y reglât les impots; & que tous enséble fissent les Loix: ils apelleroient cet Etat *une Monarchie Mixte*. Mais supposé qu'en effet l'Etat fût tel que cela, les Sujets n'y seroient pas pour cela plus libres: Car tandis qu'ils sont d'accord, leur sujetion est si grande, qu'il n'est pas possible qu'elle le soit d'auantage, & que le desordre s'y mette: ils sont en guerre ciuile; chacun retourne dans son droit d'y faire à sa phantaisie, qui est pis que toute sujection. Aprés tout i'ay assés fait voir dépuis l'article sixiéme iusqu'au douziéme du chapitre précedent;* Qu'il n'est pas possible de partager de la sorte la puissance Souueraine.

v. Voyons maintenant ce qu'on fait dans châque espeçe d'Etat quand on l'établit. Les gens s'assamblent pour faire vn Etat, des-là qu'ils s'assemblent ainsi, sont presque *une Démocratie*. Et de vray il est censé que s'y rendans de la sorte & de leur bon gré, ils ont entendu s'obliger à ce qui passeroit dans l'assamblée *par pluralité de voix*: C'est donc vne Démocratie, tant que dure l'assamblée, ou qu'ils la remettent à certains temps, & en certains lieux. Car puisque sa volonté comprend toutes leurs volontés, elle a sa volonté *unique*, & sa puissançe Souueraine: Mais on suppose d'ailleurs que person-

---

CHAPITRE VII.

* Voyés les Remarques.

Que la Démocratie ne subsiste point qu'on n'y établisse de s'assembler de temps en temps, & en certain lieu.

ne n'en soit exclus : C'est donc *une Démocratie* selon que i'ay definy dans l'article premier de ce chapitre. Mais si l'assamblée cesse, & qu'on n'y ait pas conuenu de temps & de lieu à s'assembler derechef, ils en sont à *l'Anarchie* comme auparauant, & à l'Etat de guerre de chacun contre tout autre : Le peuple donc ne retient point la puissance Souueraine. En effet s'il n'est connu & étably en quel temps, & en quel lieu s'assambler vne autre fois, ils pourront s'assambler en diuers temps & en diuers lieux, c'est à dire par factions, ou ne s'assembler point du tout : Il n'y a donc plus de peuple ; ce n'est qu'vne multitude des-vnie, qui ne peut auoir en propre aucun droit ny action. Deux choses donc établissent la Démocratie, que l'assamblée y soit indite à perpetuité, ce qui fait que ce soit *un peuple* ; & que ce peuple délibere *par pluralité de voix* ce qui établit sa *puissance*.

CHAPITRE VII.

VI. Mais ce n'est pas encore asses pour se conseruer la puissance, que le peuple ait étably à quel temps & en quel lieu se rétrouuer : Il faut de deux choses l'vne : ou qu'il y ait si peu de temps d'vne assamblée à l'autre, qu'il ne puisse rien arriuer entre-deux qui mette l'Etat en danger faute de commandement : ou que le peuple ait donné pour ce temps là l'vsage de sa puissance à *quelqu'vn* : Et quand ie dis *à quelqu'vn*, i'entans parler d'*vn* homme seul ou d'*vne* autre assamblée d'hommes & Conseil d'Etat, qui puisse empécher tels des-ordres. A moins que cela on n'auroit pas assez pourueu à

Qu'en toute Démocratie il faut de deux choses l'vne, qu'il n'y ait pas long temps d'vne assamblée à l'autre ; ou que pour ce temps on dône à quelqu'vn l'exercice de la puissance Souueraine.

CHAPITRE VII.

Dans la Démocratie un chacun s'oblige par pacte à tout autre d'obeir au peuple ne s'oblige à personne.

la deffançe & au repos de chaque particulier ; ce ne seroit donc pas vn Etat ; & faute de seuretés, chacun retiendroit son droit de se deffandre luy mesme ainsi qu'il verroit à propos.

VII. *La Démocratie* ne s'établit point par les pactes d'vn chacun auec le peuple, mais par les pactes mutuëls *d'vn chacun auec tout autre.* La premiére de ces choses est toute visible, en ce que pour faire vn pacte il faut estre auparauant : Mais auant l'Etat étably *le peuple* n'étoit pas encore puis qu'il n'estoit pas en qualité *de personne*, c'est à dire *en vnité*, mais seulement vne *multitude* des-vnie de simples particuliers : Il n'a donc pû faire de pacte ; & ainsi il n'y en a point entre luy & son sujet, à compter de ce temps là. Mais il n'y en a point aussi depuis l'Etat étably : Car dés là qu'il est étably, sa volonté comprend en soy les volontés de ses Sujets : Or cela posé, le Sujet veut ce que veut le peuple ; le peuple donc est liberé quand il luy plait ; & par conséquent toûjours actuëllement libre, & iamais obligé par pacte : Quant à la seconde chose, que tout Sujet y fasse pacte auec tout autre Sujet, on peut l'inférer de ce qu'en vain seroit l'Etat, si les sujets n'étoient obligés par pactes à faire ou obmettre ce qu'il leur commanderoit. Puis donc qu'on entend que tels pactes interuienent comme nécessaires en tout establissement d'Etat ; & qu'il n'y en a point içy des particuliers au peuple : Il suit que c'est seulement entre les particuliers ; & c'est à sçauoir qu'*un chacun* promet par pacte

pacte à *tout autre* d'assujettir sa volonté à celle de la plus part, à condition que chaque autre en fasse autant : comme si chacun disoit ainsi : *Ie transporte pour l'amour de vous tout mon droit au peuple, à condition que pour l'amour de moy vous luy transportiés tout le vôtre.*

VIII. *L'Aristocratie, où les Seigneurs & Etats ayans puissance Souueraine vient de la Démocratie, qui luy transporte son droit.* Il faut donc entendre qu'on y propose au peuple *Certaines Gens,* qui seront distingués des autres ou par leur nom propre, ou par leur extraction, ou en quelque autre façon ; qu'on les élit par pluralité de voix ; & que par cette Election le peuple ou l'Etat leur transporte tout ce qu'il auoit de droit. Or on void que cela posé cette assemblée de Seigneurs peut de droit après cela, tout ce que pouuoit le peuple.

Par quels actes s'établit l'Aristocratie.

IX. Comme dans *la Démocratie le peuple* est libre & exempt de toute obligation, l'Assemblée des Seigneurs l'est dans l'Aristocratie. Car afin d'estre obligée il faudroit que ce fût *au particulier,* ou *au peuple* : Elle ne l'est point au particulier, quand il se trouue au contraire que tout sujet étoit tenu à ce que feroit le peuple ; & qu'ainsi il est tenu au transport de droit que le peuple a fait : & elle n'est point au peuple ; puis que des-là qu'il l'établit en luy transportant son droit, il cesse d'estre luy mesme comme personne ciuile.

Dans l'Aristocratie les Seigneurs & Etats ne permettent rien, & ne sont obligés ny à pas vn des Sujets en particulier, ny à tous ensamble.

X. L'Aristocratie a deux autres choses communes auec la Démocratie : La première que si l'on n'y éta-

Les Seigneurs & Etats doiuët

O

blit certains temps, & certains lieux que se tienne l'Assemblée, elle ne subsiste plus *en unité* de personne ; & que cette unité n'étant plus, il n'y a plus aussi de *puissance Souueraine*. La seconde, que les interualles des temps que se tiennent les Assemblées n'y soient pas bien longs; ou qu'en tout cas on donne à quelqu'vn pour ce temps là l'vsage & l'exercice de la puissance Souueraine. Dont les raisons sont les mesmes que i'ay dites dans l'article cinquiéme.

Par quels actes s'établit la Monarchie.

XI. *La Monarchie* aussi bien que l'Aristocratie vient de la puissance du *Peuple*, lequel transporte en *vn seul Homme* tout son droit, & puissance Souueraine. Il faut donc entendre de mesme qu'on y propose au peuple *vn certain Homme seul & unique*, qu'on deura distinguer des autres, par son nom propre, ou par autres marques ; & que le peuple par pluralité de voix luy transporte tout son droit, en sorte qu'il puisse de droit tout ce que pouuoit le peuple : Le peuple donc aprés cela n'est qu'vne *Multitude* des-vnie, luy qui n'étoit proprement *vn & vne Personne Ciuile*, qu'en vertu de sa *puissance Souueraine*: qu'il a transportée en cet Homme.

La Monarchie pour l'authorité absoluë qu'on luy defere, n'est obligée à personne.

XII. *Le Monarque* ne s'oblige donc iamais par pacte à personne pour l'authorité receuë. Car il la reçoit du peuple: mais comme ie viens d'expliquer le peuple cesse aussi-tost d'estre vne personne Ciuile, & quand la personne n'est plus nul, ne peut luy estre obligé. Les sujets donc sont tenus d'obeïr au Monarque par les seuls pactes, par lesquels ils s'étoient obligés entre eux, à tout ce que voudroit le peuple;

DE LA POLITIQVE.

Et par conséquent à reconoître le Monarque, & luy obeïr, si le peuple l'établissoit.

CHAPITRE VII.

XIII. Or la Monarchie différe tant de la Démocratie, que de l'Aristocratie, en ce que les deux derniéres ont besoin de temps & de lieux certains & préscrits, pour déliberer & décerner, ie veux dire pour l'exercice actuël de la puissance Souueraine : & qu'au contraire dans la Monarchie les délibérations & decrets se font en tout temps & en tout lieu. Car le peuple ny les Seigneurs n'étant pas *un Tout* par Nature, ont besoin de s'assambler : & au contraire *le Monarque* comme étant *un* par Nature, est aussi toûjours en puissance prochaine de faire tous actes de Souuerain.

La Monarchie est ioûjours en puissance prochaine d'exercer tous actes necessaires au gouuernement de l'Etat.

XIV. Puis que i'ay fait voir aux articles setiéme, neuuiéme, & douziéme de ce chapitre, que des là qu'on est paruenu à la puissance Souueraine on n'est obligé par pacte à personne : il s'ensuit qu'aprés cela on ne fait tort à personne. Car pour faire tort & injure, ainsi que i'ay définy dans l'article troisiéme du chapitre troisiéme, il faut violer son pacte : où donc il n'y a point de pacte, il ne peut y auoir d'injure. Cependant *le peuple d'une République, les Seigneurs & Etats, & le Monarque* peuuent pécher en beaucoup d'autres façons contre les loix de Nature : comme par *Cruauté*, par *Iniquité*, en faisant des *Outrages*, ou autres actions vitieuses, qui ne sont pas comprises sous le nom d'*Injure* dans son acception propre ; ie veux dire à le prendre dans son sens le moins étandu & à la rigueur. Au reste le sujet quand

Quel genre de peché c'est, & de quels hommes, quand les Sujets ne s'acquittent pas de leur deuoir enuers l'Etat, ou l'Etat enuers les Sujets.

O ij

il manque d'obeïr au Souuerain, *Fait tort & injure à tous les autres sujets*, comme ayant donné parole à tout autre d'obeïr : Et il fait *tort & injure au Souuerain*, puis qu'il entreprend de retirer sans son adueu le droit qu'il luy a donné. Enfin pour parler *du peuple, & des Seigneurs-&-Etats* : Quand il passe quelque chose dans leurs Assemblées contre les loix de Nature, tout l'Etat ne peche pas, ie veux dire la personne Ciuile, mais seulement ceux d'entre eux qui ont été de l'aduis. Mais dans la Monarchie c'est le Monarque qui peche, s'il ordonne quelque chose contre les loix de Nature, quand la volonté Ciuile est en luy la mesme que la Naturelle.

Le Monarque à qui on n'a point limité de temps se peut eslire vn Successeur.

XV. *Le peuple* en faisant *vn Monarque* luy donne *toute authorité* purement & simplement, & sans luy prescrire de temps, ou seulement pour vn temps, s'il ne luy prescrit point de temps, le Monarque a sa puissance toute la mesme qu'auoit le peuple : Comme donc le peuple a eu droit de faire ce Monarque, ce Monarque a droit d'en faire vn autre : & c'est pourquoy le Monarque à qui l'on a confié purement & simplement la puissance Souueraine a droit non seulement *de Possession*, mais *de Succession* ; & peut se déclarer tel *Successeur* qu'il voudra.

Des Monarques qu'on fait pour vn temps.

XVI. Mais si le peuple ne transporte sa puissance Souueraine que *pour certain temps*, il y faut considerer d'autres choses que ce transport : La premiére, si le peuple s'y reserue ou non *le droit de s'assembler* à certain temps, & en certain lieu : La seconde, posé le cas qu'il se reserue ce droit, s'il se le reserue aussi de s'assembler *auant le terme* du temps prescrit au Monarque: La troisiéme, s'il veut & entand qu'il depende de ce Monarque pour vn temps de le conuoquer, en telle sorte que le peuple n'ait plus droit de s'assambler *que par l'ordre du Monarque*. Supposons maintenant que le peuple ait transporté son droit à quelqu'vn pour en iouïr sa vie durant: & pensons premierement qu'aprés cela chacun se soit retiré de l'Assamblée, sans qu'on y ait conuenu de lieu à se r'assambler aprés la mort de cet Homme, pour procéder à nouuelle élection. Il est éuident par l'article cinquiéme de ce chapitre, que le peuple en ce cas n'est plus *vne seule personne*, mais seulement vne *Multitude* des vnie de gens qui pourront s'assambler aprés la mort de cet homme, chacun où il luy plaira, & auec qui il voudra, & mesmes se saisir s'ils peuuent de l'authorité Souueraine; & tout cela auec droit, c'est à sçauoir par droit de Nature. Le Monarque donc qui a reçeu l'authorité Souueraine à telles conditions, est tenu par la loy de Nature que i'ay expliquée dans l'article huitiéme du chapitre troisiéme, *De ne rendre pas le mal pour le bien*; & ainsi de pouruoir qu'aprés sa mort l'Etat ne soit pas en diuision: & il ne peut faire cela, s'il ne conuoque ses sujets à certain temps, & en certain lieu, où puisse venir qui voudra pour luy nommer *vn Successeur*; ou qu'il ne le nomme luy mesme, tel qu'il verra à propos pour le bien-public. Tout Homme donc qui a reçeu la puissance Souueraine pour tout le temps de sa vie l'a purement & simplement,

& peut la tranfmettre à tel Succeffeur qu'il voudra. Suppofons en fecond lieu, Que le peuple aprés s'eftre efleu vn Monarque pour vn temps, paffe auant que de fe feparer vn Acte & Decret, de s'affambler aprés la mort de ce Monarque, à certain iour, & certain lieu. En ce cas le Monarque mort, le peuple fe trouue affermy dans l'authorité Souueraine, & cela par fon droit d'auparauant, & fans aucun nouuel acte des fujets. Et de vray dans tout le temps d'entre-deux le droit de Commandement eftoit en propre & appartenoit au peuple comme fon Domaine; & le Monarque pour vn temps n'en auoit que l'vfage & l'vfufruit, c'eft à dire l'exercice, & comme vfufructuaire. Que fi le peuple aprés auoir efleu le Monarque pour vn temps, eftablit & defigne certain temps, & certain lieu, à tenir derechef les Affemblées auant le terme efcheu, prefcrit au Monarque, (qui eft la façon que les Romains faifoient autrefois leurs Dictateurs:) En ce cas on ne doit pas prendre pour *Monarque* l'homme ainfi efleu, mais feulement pour *le prémier Miniftre du Peuple*, que le peuple comme Souuerain peut reuoquer fi bon luy femble, mefmes auant fon terme efcheu, ou luy donner des Collegues; comme fit le peuple Romain quand il crea *Minutius* (fon Général de la Caualerie,) efgal en authorité à *Quintus Fabius Maximus*, qu'il auoit fait Dictateur auparauant. Dont la raifon eft qu'il y a contradiction que l'homme ou l'Affamblée d'hommes qui eft en puiffance prochaine & immediate d'agir, retiene l'au-

DE LA POLITIQVE 111

thorité Souueraine, & neanmoins ne puisse pas commander actuëllement: puis que l'authorité Souueraine n'est rien que le droit de commander tout autant qu'il est possible. Enfin si le peuple apres auoir declaré quelqu'vn Monarque pour vn temps, se separe, & rompt l'Assamblée, en sorte qu'il ne luy soit plus loisible de la tenir que *par ordre exprés* du Monarque: on entend que l'Assamblée soit rompuë pour toûjours ; qu'ainsi ce n'est plus vn peuple, & vne personne Ciuile ; & que pour cela mesmes le Monarque l'est absolument qu'ils ont ainsi declaré tel, comme n'estant plus au pouuoir des sujets de faire renaître l'Etat, soit populaire ou de Seigneurs, que par l'ordre de ce Monarque. Mesmes ce Monarque eût il promis de conuoquer ses sujets à certain temps, il n'y est point obligé, quand la *personne* qui a receu sa promesse n'existe plus s'il ne veut. Ce que ie viens de dire de ces quatre cas, où le peuple eslit vn Monarque pour vn temps sera plus aisé à entendre par la côparaison auec le Monarque absolu, dôt on ne voit pas d'heritier. Car le peuple est si bien Maistre & Seigneur de ses sujets, qu'il ne peut auoir d'heritier en ce Droit, s'il ne le nôme : Aussi qu'en toute Republique on doit côparer *les interualles* d'entre deux temps que se tienent ses Etats, au temps que le temps que le Monarque *dort* : en ce que les actes du commandement y cessent, & que la puissance demeure: Et enfin que quand l'Assamblée se rompt à ne se tenir iamais plus, c'est *la mort du peuple* ; comme c'est *la mort de l'homme* qu'il dorme à ne s'eueil-

CHAPITRE VII.

CHAPITRE VII.

ler plus. Comme donc le Roy qui est sans heritiers s'en allant dormir à ne s'eueiller iamais, ie veux dire quand il meurt, s'il donne à quelqu'vn l'exercice, iusqu'à son reueil, de la puissance Souueraine, luy donne sa succession: De mesme si le peuple en eslisant vn Monarque pour vn temps, s'ôte luy-mesme le pouuoir de s'assambler: il donne l'Etat à ce Monarque en domaine & proprieté; & l'en fait Seigneur & Maistre. Aussi comme vn Roy qui donne le gouuernement de l'Etat pour le temps qu'il dormira, le reprend des qu'il s'eueille: ainsi le peuple qui eslit vn Monarque pour vn temps, & se reserue le Droit de s'assembler à certain iour en certain lieu, reprend ce iour là, & en ce lieu sa puissance Souueraine. Et comme le Roy qui donne tandis qu'il veille le gouuernement à vn autre, peut le reuoquer en tout temps : De mesme le peuple qui a droit de s'assambler dans le temps prescrit au Monarque, peut le dépoüiller quand il veut de la puissance Souueraine. Enfin comme le Roy qui donne son Etat à gouuerner pour tout le temps qu'il dormira, & ne peut s'eueiller que sous le bon plaisir de celuy à qui il le donne, perd en mesme temps la vie & la Royauté: De mesme le peuple qui a commis son authorité au Monarque pour vn temps, mais a voulu ne pouuoir tenir d'Assamblée que par son ordre exprés, s'est diuisé luy mesme & dissipé; & par ce moyen son authorité demeure au Monarque qu'il a esleu.

XVII. Si le Monarque promet quelque chose

se à son sujet, ou à plusieurs de ses sujets, à raison & en consequence dequoy il vint à n'auoir plus libre l'exercice de sa puissance Souueraine, iurât-il de le tenir, son pacte est *nul & inualide*. Car le pacte est vn transport de droit, pour lequel, ainsi que i'ay expliqué dans l'article quatriéme du chapitre second, il faut des signes suffisans de la volonté de qui le fait. Or celuy qui déclare suffisamment sa volonté de retenir vne fin, déclare suffisamment qu'il ne se depart pas du droit aux moyens necessaires pour cette fin : maintenant celuy qui promet quelque chose de necessaire à l'exercice de l'authorité Souueraine, & retient neanmoins cette authorité, donne des signes suffisans qu'il ne promet qu'à condition qu'il n'y aille point de cette mesme authorité : Si donc il ne peut tenir ce qu'il a promis, sauf cette mesme authorité, c'est comme s'il n'auoit point promis ; & ainsi sa promesse est nulle.

CHAPITRE VII.
Il n'est point censé que le Monarque quand il retient son droit de Souuerain ait transporté comment que ce soit le droit aux moyens nécessaires à la Souueraineté.

XVIII. I'ay fait voir comment les hommes par vn instinct de Nature vienent à s'assujettir, & s'obliger par pactes mutuels entre eux de reconoître vn Souuerain, & luy rendre obeïssance pure & simple : il faut voir maintenant par quels moyens on est liberé de cette obligation. Cela ce fait en premier lieu par *Abdication*, ie veux dire si le Souuerain sans transporter à autruy son droit de Souueraineté *s'en démet* purement & simplement, & le *délaisse*. Car qui le laisse de la sorte, & declare n'en vouloir plus, c'est le donner à prendre à qui pourra ; & par ce moyen chacun rentre dans son droit de se garantir luy-mes-

Par quelles voyes on est liberé de subjection à l'Etat.

P

me de tout peril, & s'y deffandre, ainsi qu'il verra à propos. En second lieu, si l'Etat tōbe entre les mains & dans la puissance de ses Ennemis, à ne pouuoir leur resister, le Souuerain qu'on y auoit perd sa puissance Souueraine : car les sujets en faisans tous leurs effors pour s'empescher de tomber entre les mains de l'ennemy, se sont tous acquités du pacte qu'ils auoient fait entre-eux de maintenir le Souuerain; & par consequent sont obligez aprés cela de tenir au vainqueur ce qu'ils luy promettent, pour auoir leur vie sauue. En troisiéme lieu, pour ce qui est des Monarchies, (car aux Republiques le peuple dans les populaires, & les Seigneurs & Etats dans les autres, ne peuuent iamais défaillir :) aux Monarchies, dis-je, si l'on ne void point du tout de Successeur au Monarque, les sujets sont liberés de cette obligation : Car il n'est point censé qu'on soit tenu, si l'on ne peut sçauoir à qui : puis qu'en ce cas il seroit impossible de tenir. Et ce sont là les trois façons qu'on retourne de la sujetion Ciuile à la liberté de Tout homme en toutes choses, qui est la liberté de Nature & de beste brute : Puis que l'Etat de Nature est à vray dire à l'Etat Ciuil, ie veux dire *la Liberté* à l'Etat de *Sujection*, ce que la Passion à la Raison, ou la beste à l'homme. Enfin on est liberé de sujetion quand le Souuerain y consent : & c'est à sçauoir quand on quitte le pays : ce qui peut arriuer en deux façons. car on le quitte *auec congé*, & c'est à sçauoir qu'aprés auoir obtenu permission d'aller s'établir en vn autre Etat, on y va de son bon gré : ou c'est

DE LA POLITIQVE.

par ordre exprés, comme ceux qu'on ennoye *en exil*. Or en ces deux cas, on est libre & affranchy des Loix de l'Etat d'où l'on vient, parce qu'on est obligé à celuy ou l'on s'habituë.

CHAPITRE VII.

DE LA POLITIQVE.

CHAPITRE VIII.

LES ELEMENS DE LA POLITIQVE.

CHAPITRE HVICTIESME.

Du Droit de Seigneur sur l'Esclaue.

I. *Ce que c'est que le Seigneur & l'Esclaue.* II. *Distinction des Esclaues en ceux à qui l'on se fie, & qui jouissent de la liberté de Corps; & ceux qu'on tient en Prison ou à la Chaisne.* III. *L'Obligation de l'Esclaue vient de ce que le Seigneur luy laisse la liberté de Corps.* IV. *Les Esclaues enchaisnés ne sont point tenus par pacte.* V. *L'Esclaue n'a rien à soy à l'exclusion du Seigneur.* VI. *Le Seigneur peut disposer à son gré de son Esclaue, soit entre vifs, ou par Testament.* VII. *Le Seigneur ne peut faire tort à l'Esclaue.* VIII. *Le Seigneur du Seigneur l'est des Esclaues.* IX. *Par quels moyens on est* Affranchy. X. *Que le Domaine & Seigneurie sur les bestes est de Droit Naturel.*

I. 'Ay traité aux deux chapitres précedens de l'Etat *par Institution*, ie veux dire de celuy qui s'établit du consentement de beaucoup de gens, qui s'obligent entre eux par pactes, & se donnent pour cela leur

Cō que c'est que le Seigneur, & l'Esclaue.

CHAPITRE VIII.

foy mutuelle. Ie vay traiter maintenant de l'Etat que i'ay apellé *Naturel*, & qu'on peut nommer *Acquis*, puis que de vray on l'acquert par sa propre force, & par ses puissances & facultés Naturelles. Or il faut sçauoir prémierement par quel moyen se peut acquerir le droit de Domaine sur la personne des hommes : car de ce qu'on a ce droit on a vn Royaume à soy ; puis qu'*estre Roy* n'est autre chose qu'auoir sur quantité de gens *le droit de Seigneur & Maistre* ; qu'*vn Royaume n'est qu'vne grande famille*, & toute famille vn petit Royaume. Pour retourner donc à l'Etat de Nature, & considerer les hommes, comme s'ils ne venoient que de naistre de la terre, ainsi que des champignons, mais hommes faits, sans obligation entre eux ; Il n'y a que trois façons qu'on puisse acquerir sur autruy le droit de Seigneur & Maistre. La prémiere, quand beaucoup de gens ensamble, pour viure en paix entre eux, & se deffendre de concert contre tous autres, s'*accordent* d'vn Homme seul ou d'vn Conseil & Assamblée de quelques hommes ; s'*asujettissent* à luy de leur bon gré & volonté ; le rendent leur *Seigneur & Maistre* ; & s'obligent par pactes entre eux de luy estre obeïssans & fidelles, qui est la façon dont i'ay parlé. La seconde, quand se trouuant prisonnier de guerre, ou vaincu, ou qu'on se desfie de ses propres forces, on promet au vainqueur ou au plus fort qui donne quartier, & promet protection, de le seruir & estre à luy, c'est à dire de faire tout ce qu'il commandera. Contract auquel l'homme vaincu ou plus

DE LA POLITIQVE. 119

foible reçoit en bien fait *sa vie sauue*; que dans l'Etat de Nature on pouuoit luy ôter: & promet pour recompense *obeissance & seruice*. En vertu donc de ce pacte il doit seruice au vainqueur, & & obeïssance absoluë, autant qu'il se peut sans violer les loix Diuines. Car celuy qui est tenu d'obeïr auant que de sçauoir en quoy, est tenu d'obeïr purement & simplement, qui veut dire en toutes choses sans reserue. Maintenant on apelle *Esclaue*, qui s'est obligé de la sorte; *Et Seigneur & Maistre* celuy à qui il s'est obligé. Enfin on acquert droit sur la personne par la *Generation*: Et ie parleray au chapitre suiuant de cette façon d'acquerir.

CHAPITRE VIII.

II. Il n'est pas censé que tout prisonnier de guerre à qui l'on a donné quartier, ait fait pacte auec son Seigneur: car on ne se fie pas à tous, iusqu'à leur laisser ce qu'il faudroit de liberté naturelle pour s'enfuyr, ou refuser de seruir, ou pour machiner contre leur Seigneur s'il leur en prenoit enuie. Tels Esclaues seruent pourtant, mais en prison, ou à la chaisne: Et c'est pourquoy on les apelloit non seulement *Esclaues* du nom commun, mais *Prisonniers* de mesme qu'encore aujourd'huy *estre seruiteur* n'est pas mesme chose *qu'estre Esclaue*.

Distinction des Esclaues en ceux en qui on se fie, & qui iouïssent de la liberté de corps, & ceux qu'on tient en prison ou à la chaisne.

III. L'obligation de l'Esclaue au Seigneur ne vient donc pas simplement de sa vie sauue, mais de ce qu'on ne le tient à la chaisne ny en prison. Car cette obligation vient d'vn pacte: & il n'y a point de pacte sans confiance: comme on void par l'article neuuiéme du chapitre second, où i'ay définy

L'obligation de l'Esclaue vient de ce que le Seigneur luy laisse la liberté de corps.

que le pacte est la promesse de celuy à qui on se fie. Ainsi le bien-fait de la vie que le Seigneur a donné sauue à l'Esclaue, est accompagné de sa *confiance* de luy laisser *la liberté de corps*; & sans cette obligation l'Esclaue auroit droit non-seulement de s'éuader & fuïr, mais de tuër le Seigneur qui luy auroit sauué la vie.

Les Esclaues enchaisnés ne sont point tenus par pacte.

IV. A ce compte les Esclaues qu'on tient *en prison & à la chaisne* ne sont pas compris dans la definition que i'ay donnée de l'Esclaue: comme ne seruans point par pacte, mais pour n'estre pas maltraités. Si donc ils s'enfuyent, ou qu'ils tuënt leur Seigneur, ce n'est point contre les loix de Nature. Aprés tout, ce qu'on leur donne des fers montre assez qu'on ne les croit point suffisamment engagez par autre obligation.

L'Esclaue n'a rien à soy à l'exclusion du Seigneur.

V. Le Seigneur donc n'a pas moins de droit sur l'Esclaue qu'il ne tient pas à la chaisne, que sur celuy qu'il y tient: car il l'a souuerain sur l'vn & l'autre; & peut dire de tous les deux, comme de toute autre chose, *cela est à moy*. Or il suit de là que tout ce qu'auoit l'Esclaue auant sa captiuité apartient aprés au Seigneur; & que l'Esclaue n'acquert rien pour soy, mais pour luy. Car qu'on ait droit de disposer de la personne d'vn homme, on l'a aussi de disposer de ce dont il disposoit. L'Esclaue donc ne peut rien auoir *à soy* à l'exclusion du Seigneur: mais seulement il peut sous son bon plaisir faire certaines choses siennes, les auoir à soy en propre, & pour le dire encore autrement en auoir le domaine & proprieté

DE LA POLITIQUE 121

priété, à en exclure tout Esclaue son compagnon: De mesme que le sujet que i'ay fait voir cy-dessus qui n'a rien proprement *à soy* à en exclure l'Etat, c'est à dire le Souuerain, à neanmoins ses biens en propre contre tout autre sujet.

CHAPITRE VIII.

VI. Puis donc que l'Esclaue est au Seigneur *corps & biens*; & que tout homme par droit de Nature peut faire de son bien ce qu'il luy plaira: le Seigneur peut vendre, & engager son Esclaue, & transporter son droit sur luy entre vifs, & par Testament, à qui bon luy semblera.

Le Seigneur peut disposer à son gré de son Esclaue, soit entre vifs ou par Testament.

VII. Aussi ce que i'ay demontré que dans l'Etat par institution le Souuerain ne fait iamais tort au sujet, se trouue vray des Esclaues: car ils ont assujetty leur volonté à celle de leur Seigneur: Ils veulent donc tout ce qu'il fait: & on ne fait point d'injure à qui le veut bien.

Le Seigneur ne peut faire tort à l'Esclaue.

VIII Et s'il arriue que le Seigneur d'vn Esclaue deuiene Esclaue luy-mesme, ou sujet d'vn autre, cet autre sera son Seigneur immediatement, & de son Esclaue par son moyen. *Le Maistre-Esclaue* donc n'en pourra disposer aprés cela qu'au gré du Souuerain Seigneur: Et ce que dans quelques Etats on a eu sur les Esclaues tout droit de vie & de mort, cela venoit du droit de Nature; & la Loy Ciuile n'auoit fait que le tolerer.

Le Seigneur du Seigneur l'est des Esclaues.

IX. On est *affranchy de seruitude* comme de *subjection*: En premier lieu, si le Seigneur met en liberté: car il peut rendre à l'Esclaue le droit qu'il

Par quels moyens on est affranchy.

Q

en auoit eu ; & cette façon s'apelle *Manumißion*, & reſſamble à ce que l'Etat permet au ſujet de s'aller tranſplanter dans vn autre Etat. En ſecond lieu, ſi le Seigneur *chaſſe* l'Eſclaue, ce qui eſt comme l'*Exil* au ſujet, & ne differe point de la manumiſſion quant à l'effet, mais ſeulement pour la maniére, en ce que la liberté tient en l'vne lieu de peine, en l'autre de bien-fait : car on y renonçe par tout au domaine ſur l'Eſclaue. En troiſiéme lieu, ſi l'Eſclaue eſt fait captif, ſon ſecond eſclauage met fin au premier : car on gagne les Eſclaues à la guerre comme le reſte : & qui les veut à ſoy les doit proteger. En quatriéme lieu, on eſt affranchy par la mort du Seigneur ſans teſtament & ſans heritiers : nul n'étant cenſé obligé, s'il ne peut ſçauoir à qui. Enfin l'Eſclaue mis à la chaiſne, ou de quelque autre façon qu'il viene à perdre ſa liberté de corps, eſt liberé de ſon Eſclauage par pacte : car il n'y a point de pacte qu'on ne s'y fie à qui le fait, & l'on ne peut manquer de foy à qui ne ſe fie point. Quant aux Eſclaues ayans deux Seigneurs, l'vn immediatement, & l'autre par ſon moyen : Que *le Seigneur* les affranchiſſe tant qu'il voudra, ils ſeront toûjours ſous la puiſſançe *du Seigneur de leur Seigneur* : Car ils n'étoient pas au *ſimple-Seigneur*, mais au *Seigneur Souuerain*.

Que le Domaine & Seigneurie ſur les

X. On ſe rend Maiſtre des beſtes comme des hommes, ie veux dire par force, & par ſes facultés naturelles. Car ſi dans l'Etat de Nature pour la

DE LA POLITIQVE. 123

CHAPITRE VIII.
bestes est de droit naturel.

guerre de tout homme contre tout autre, il est loisible d'assujettir l'homme, & de le tuër, à plus forte raison le fera t-il de la beste. C'est donc par ce droit qu'on les prend, qu'on les apriuoise, qu'on s'en sert, & qu'on les tuë: & c'est *par droit de Nature*, non *par droit Diuin positif*. De vray si ce droit n'eût été auant la promulgation de l'Ecriture Sainte, on n'eût pas eu droit de tuër les bestes pour sa nourriture, & cependant elles eussent pû tuër l'homme: il eût donc été de pire condition. Comme donc par droit de Nature la beste tuë l'homme, on tuë la beste de mesme par droit de Nature aussi.

Q ij

DE LA POLITIQUE.

CHAPITRE IX.

LES ELEMENS DE LA POLITIQVE.

CHAPITRE NEVFIESME.

Du Droit qu'on a sur ses Enfans, & du Royaume Patrimonial.

I. *Que la puissance de Pere ne vient pas de la génération.* II. *Le Domaine sur les Enfans est à qui les a le premier en sa puissance.* III. *Le Domaine sur les Enfans est originairement à la Mere.* IV. *L'Enfant exposé est à qui le sauue.* V. *Le fils du Sujet & du Souuerain est au Souuerain.* VI. *En tout commerce d'entre homme & femme, sans que l'vn commande à l'autre, les Enfans sont à la Mere, s'il n'y a pacte au contraire, ou que la Loy Ciuile en ait disposé autrement.* VII. *Le fils n'est pas moins sujet au Pere, que l'Esclaue au Seigneur, & le Sujet à l'Etat.* VIII. *De l'honneur deu à ses Parens, & à son Seigneur.* IX. *En quoy consiste la liberté & la differance des Sujets & des Esclaues.* X. *Le Droit sur les Esclaues est le mesme dans le Royaume Patrimonial, que dans celuy par*

Q iij

CHAPITRE IX.
Inſtitution, XI. *La queſtion du Droit de Succeſſion n'a lieu que dans la Monarchie.* XII. *Le Monarque peut diſpoſer par Teſtament de la Souueraineté.* XIII. *Et la donner, & la vendre* XIV. *Le Monarque qui meurt ſans teſter eſt toûjours cenſé auoir voulû pour Succeſſeur vn Monarque.* XV. *Et quelqu'vn de ſes Enfans.* XVI. *Et plûtôt Maſle que Femelle.* XVII. *Et plûtôt aiſné que cadet.* XVIII. *Et s'il n'a point d'Enfans, ſon frére plûtôt que tout autre.* XIX. *On ſuccede de meſme au Droit de Succeſſion qu'à la Souueraineté.*

Que la puiſ-
ſançe de pére
ne vient pas de
la génération.

I. Ocrate eſt homme, & par conſéquent *Animal*: l'argumentation eſt bonne, & tres-éuidente: en ce que pour y conoître la verité de la conſéquence, il ne faut qu'entandre ce nom l'*Homme*; & que comme cet autre nom *Animal* entre dans la définition de l'homme, on ſupplée de ſoy-meſme la propoſition à dire, *l'Homme eſt Animal*. Cette autre illation *Sophroniſcus eſt le Pére de Socrate, & par conſéquent ſon Seigneur & Maiſtre*, eſt peut-eſtre auſſi bonne que la prémiére : mais elle n'eſt pas ſi éuidente : en ce que le nom de *Maiſtre & Seigneur* n'entre pas dans la définition de celuy de *Pére*; & que pour la rendre éuidente il faut expliquer la liaiſon & connexion du *Pére* & du *Maiſtre*. Ceux qui iuſqu'à maintenant ont taſché d'établir *le Domaine & Seigneurie du Pére* ſur les enfans, n'ont allégué pour toute raiſon que *la generation* : comme s'il étoit éuident que ce qu'on engendre fût ſien : car c'eſt comme qui voudroit que de ce qu'on void vn Triangle on deût conoître d'abord ſes trois angles égaux à deux droits. D'ailleurs comme le droit de Domaine

DE LA POLITIQVE. 127

& proprieté absoluë, c'est à dire la puissance Souueraine est indiuisible, en sorte que deux personnes ne puissent l'auoir d'vne mesme chose, ny *personne seruir à deux Maistres:* & que cependant on est toûjours deux ; *le masle & la femelle*, qui concourent à la génération : le droit de Domaine ne peut s'acquerir par la génération seule. Voyons donc auec plus de soin d'où vient la *puissance de Pére*.

CHAPITRE IX.

11. Il faut donc retourner à cet *Etat de Nature*, où pour l'égalité de la Nature humaine dans tous les hommes faits on doit les tenir tous égaux entre eux. Or en cet Etat le vainqueur par droit de Nature est *Maistre & Seigneur* du vaincu. Le Domaine donc sur l'enfant est & appartient par droit de Nature à qui le prémier l'a en sa puissance. Or il est éuident que l'enfant quand il vient au monde est plûtôt *à sa Mére* qu'à tout autre ; quand elle peut auec droit l'exposer ou l'eleuer, comme bon luy semblera.

Le Domaine sur les enfans est à qui les a le premier en sa puissance.

111. Posé donc qu'elle l'eléue : puis que l'Etat de Nature est vn Etat de guerre, il est censé qu'elle le fait à condition que quand il aura creu en âge & en forces il ne soit pas son ennemy; & c'est à dire à condition qu'il luy obeïsse. Car puis que par nécessité de Nature chacun veut ce que bon luy semble, c'est à dire qui luy semble bon, on ne peut entandre que quelqu'vn en donnant la vie à vn autre, ait bien voulu que cet autre deuenant fort auec le temps eût droit d'estre son ennemy. Or dans l'Etat de Nature on est ennemy de tout autre à qui l'on ne commande ny n'obeït; & c'est pourquoy dans cet Etat toute

Le domaine sur les enfans est originairement à la Mére.

Chapitre IX.

femme en acouchant deuient tout à la fois *Mére, & Maiſtreſſe* de l'enfant dont elle acouche. Car pource que d'autres ont dit, Qu'en ce cas ce n'eſt pas la mére, mais le pére, qui *pour l'excellence du ſexe* eſt Maiſtre & Seigneur de l'enfant : Prémierement c'eſt contre raiſon, quand l'auantage de l'homme n'eſt pas ſi grand ſur la femme qu'il s'en puiſſe rendre maiſtre ſans combat. En ſecond lieu, on a veu la coutume contre; par exemple, *des Amazones*, qui ſe conſeruérent le commandement par guerres, & le droit de diſpoſer de leurs enfans : Ioint que meſmes encore à préſent les femmes regnent en beaucoup de lieux; au moyen dequoy elles diſpoſent de leurs enfans, & non les maris : & cela *par droit de Nature:* puis que comme i'ay fait voir, *Le Souuerain n'eſt point tenu aux Loix Ciuiles.* Ajoûtés à tout cela que dans l'Etat de Nature on ne peut ſçauoir de qui eſt l'enfant que ſur le rapport de la Mére : Il eſt donc à qui elle veut : & c'eſt pourquoy il eſt ſien. On void donc le droit de Domaine ſur l'enfant originairement *à la Mére*; & qu'il eſt vray de dire de l'homme comme de la béſte, *le fruit ſuit le ventre.*

L'Enfant expoſé eſt à qui le ſauue.

IV. Maintenant ce droit de Domaine paſſe de la mére à autres en force façons. Car en premier lieu, ſi elle renonce à ſon droit & s'en depart en *expoſant* ſon fruit, celuy qui l'éléuera y aura le meſme droit de Domaine qu'elle eût eu. Dont la raiſon eſt que la Mére en expoſant ſon fruit luy ôte la vie qu'elle luy auoit donnée; (ie ne dis pas en l'engendrant, mais en le nourriſſant;) & qu'ainſi l'obligation ceſ-

DE LA POLITIQVE.

se qu'il luy auroit pour ce regard. Quand donc vn autre le *nourrit*, & le tient en sa *puissance*, il est obligé à ce *Pére nourricier*, prémierement en qualité de *Nourrisson*, comme il l'eût été à sa mere ; puis en qualité de *Captif* & de *Sujet*, comme l'Esclaue à son Seigneur. Mesmes quoy qu'en cet Etat de Nature où l'on a droit sur toutes choses, la mere puisse auec droit le redemander ; il n'a pas le mesme droit de se redonner à sa mere.

CHAPITRE IX.

v. En second lieu, qui prendra la mere en guerre s'y rendra par mesme moyen *Maistre* de l'enfant Car le Seigneur d'vne personne l'est de tout ce qu'elle a à soy, comme i'ay fait voir dans l'article cinquiéme du chapitre precedent. En troisiéme lieu, si la mere est *Sujette* d'vn Etat, le fils qu'elle aura le sera aussi : puis que la mere est tenuë comme sujette, d'obeïr *en toutes choses* à l'Etat. En quatriéme lieu, si la femme se donne à l'homme en Societé de vie, à condition que l'homme y soit *Maistre*, l'enfant qu'ils auront sera *au Pére*, pour le droit qu'il a sur la mere. Mais si la Reine ayant puissance à des enfans de son Sujet, ils sont à elle : puis qu'autrement elle n'en pourroit auoir, sauf sa Souueraineté. En vn mot, en toute *Vnion* d'homme & de femme, où l'vn est *Maistre* de l'autre, les enfans sont *à qui commande*.

Le fils du sujet & du Souuerain est au Souuerain.

vi. Au reste, si dans l'Etat de Nature l'homme & la femme font Societé que l'vn n'y soit point sujet à l'autre, & qu'il n'y ait point entre eux de pacte exprés au contraire, les enfans sont à la mere, pour les raisons que i'ay dites dans l'article troisiéme.

En tout commerce d'entre homme & femme, sans que l'vn commande à l'autre les

R

Car la mere peut difpofer de fon droit, comme bon luy femblera. Et on le vit du temps des *Amazones*, qui firent ce pacte exprés auec leurs voifins, & le tindrent *De leurs renuoyer leurs enfans mâle, & fe retenir les filles*. Mais dans vn Etat ou Republique fi l'homme & la femme s'engagent par contract à viure enfemble, les enfans font *au Pére*. Car comme les Etats-&-Empires ont été établis *par les Pére & non pas les Mére-de-famille*, l'homme eft le Maiftre de la maifon : Et c'eft ce contract qu'on apelle *Mariage*, quand c'eft felon les Loix Ciuiles. Enfin s'ils contractent feulement vn concubinage, les enfans font au Pere ou à la Mere felon la Coûtume des lieux.

Le fils n'eſt pas moins fujet au père que l'Efclaue au Seigneur, ou le Sujet à l'Etat. VII. Puis que par l'article troifiéme la mere eft originairement Maiftreffe de fes enfans, & aprés elle le pere ou autre par droit deriué : il eft éuident que les enfans ne font pas moins *fujets* de qui les nourrit & efleue, que l'Efclaue du Seigneur, & le fujet du Souuerain : & qu'ainfi le pere ne fçauroit faire *tort ou injure* à fon fils, tandis qu'il l'a fous fa puiffance. Auffi que le fils eft affranchy & liberé de fujection par les mefmes voyes que le fujet & l'Efclaue ; puis que l'*Emancipation* eſt la mefme chofe que la *Manumiſſion*, & l'*abdication* mefme chofe que l'*exil*.

De l'honneur deu à fes parens, & à fon Seigneur. VIII. *Le fils émancipé* craint moins fon pere, & l'*Affranchy* fon Seigneur dépouillé de fa puiſſance. Et à vray dire *ils l'honorent moins*, fi nous y confiderons le vray honneur qui eft dans l'interieur.

Car l'honneur n'eſt autre choſe que *l'eſtat qu'on fait de la puiſſance d'autruy* : On rend donc toûjours moins d'honneur à qui a moins de puiſſance. Mais comme il n'eſt pas à croyre que le Seigneur en affranchiſſant l'Eſclaue, & le pere en emancipant ſon fils, ayent voulu ſe les rendre tellement eſgaux qu'ils fuſſent ſans reconnoiſſance du bien-fait receu, & allaſſent du pair auec eux : On doit faire eſtat que l'affranchy ſoit Eſclaue, fils-de-famille, ou colonie, promet toûjours de rendre au moins toutes les marques de reſpect par quoy l'on a accouſtumé d'honorer plus grand que ſoy. D'où il ſuit que le precepte d'honorer ſes parens eſt *de la Loy de Nature*, non-ſeulement pour la *gratitude* qu'elle ordonne, mais encore *à titre de Pacte*.

IX. Quelle difference y a-t-il donc, nous pourra dire quelqu'vn entre *l'homme libre & l'Eſclaue* ? Et en effet ie ne trouue point d'autheur qui ait expliqué ce que c'eſt que la *Liberté*, & quoy l'eſclauage ou ſeruitude. On tient communement que la liberté conſiſte à pouuoir faire impunément tout ce qu'on voudra ; & la ſeruitude à ne pouuoir pas cela ; ce qui ne ſe peut : Quand il faut pour viure en paix des Societés Ciuiles : & que qui dit vn Etat, dit vne puiſſance à contraindre. *La liberté*, que nous la definiſſions, n'eſt rien autre choſe que *l'abſence des obſtacles au mouuement*. Par exemple, l'eau dans vn vaſe n'eſt pas libre, parce que le vaſe l'empeſche de ſe répandre : mais s'il vient à ſe

CHAPITRE IX.

En quoy conſiſte la liberté, & la difference des ſujets & des Eſclaues.

rompre, elle est deliurée de cette contrainte: Ainsi on a plus ou moins de liberté selon l'espace où on se trouue: Ainsi le prisonnier est plus ou moins libre selon qu'il a sa prison plus ou moins spatieuse: & l'on peut estre libre vers quelque part, sans l'estre vers autre part. comme on void du voyageur qui se trouue à droit & à gauche des monjoyes de pierres, & des hayes qui l'empeschent d'entrer dans la vigne & dans les bleds d'alantour. Quant à ces empéchemens ils le sont *absolûment*, comme on void, & au dehors, & à parler de tels que cela, tout Esclaue & sujet est libre, qu'on ne tient ny en prison ny à la chaîne. Mais il y en a d'autres qui dépandent *du bon plaisir*, & qui n'empéchent pas absolument qu'on ne se meuue, mais seulement par accident, & par nôtre choix. Par exemple, le passager *peut se jetter* du nauire dans la mer s'il *peut le vouloir*: Et en ceux cy comme aux autres on compte plus ou moins de liberté, selon qu'on a plus ou moins d'endrois à aller. Or c'est en cela que consiste la *Liberté Ciuile*. Et de vray qu'on soit *sujet, fils de famille, ou Esclaue*: l'*Etat*, le *Pére*, & le *Maistre* quelques rigoureux qu'ils soient à defandre certaines choses sous grandes peines, n'empéchent point qu'on ne fasse toutes les choses nécessaires pour se conseruer la vie, & le corps en santé. Ie ne trouue donc pas que l'Esclaue ait sujet de se plaindre de ce qu'il est sans liberté: sinon qu'il trouue vn grand mal qu'on l'empesche de se faire du mal soy-mesme; & qu'

DE LA POLITIQUE.

aprés sa vie sauue, qu'il auoit perduë par le sort des armes, ou par lascheté, on luy donne encore les alimens, & ses autres nécessités à condition qu'il se laisse gouuerner. Car celuy qu'on empéche seulement par la crainte de quelque peine de faire tout ce qu'il voudroit, n'est pas opprimé par la seruitude, mais regy & sustanté : Or en tout Etat & famille où il y a des Esclaues, les *Sujets libres*, y ont cet auantage qu'ils sont reçeus aux charges publiques, & peuuent estre Ministres d'Etat ; & les *fils-de-famille* qu'ils y ont les plus honétes emplois aux affaires domestiques, & mesmement à eux en propre plus de choses superfluës. C'est donc là la difference du sujet libre & de l'Esclaue, que le Sujet libre ne sert & n'est sujet *qu'à l'Etat*, au lieu que l'Esclaue sert & est sujet *à l'Etat & à quelque autre sujet*. Toute autre liberté que cela est d'estre exempt des Loix Ciuiles, & n'apartient qu'au Souuerain.

x. *Le Pére de famille, ses enfans, & ses Esclaues,* tous vnis en vne personne ciuile, en vertu de la puissançe de pere, s'apellent *vne famille* : Que si par enfans suruenans, & qu'on s'y soit fait d'autres Esclaues, elle deuient si nombreuse qu'elle ne puisse estre subjuguée sans vn combat douteux, on l'apellera *vn Royaume patrimonial*. Or ce Royaume acquis par forçe, quoy qu'il differe en origine de la Monarchie, & pour la façon qu'il s'établit, a neanmoins toutes les mesmes proprietés dés qu'vne fois il est établi ; & le droit de Souuerain y est

Le droit sur les Esclaues est le mesme dans le Royaume patrimonial, que dans celuy par Institution.

CHAPITRE IX.

le mefme : & ainfi il n'eft point befoin d'en parler féparement.

CHAPITRE IX.
La queftion du droit de fucceffion n'a lieu que dans la Monarchie.

XI. I'ay dit par quel droit les Etats & Empires fe font *établis*. Il faut voir maintenant par quel droit ils fe *continuent*, qui eft celuy qu'on apelle *le Droit de fucceffion*. Or puis que dans la Démocratie le peuple eft le Souuerain : & que tandis que les fujets font vnis, c'eft toûjours le mefme peuple : c'eft auffi toûjours la mefme perfonne, & qui par confequent eft fans fucceffeur. Et de mefme dans l'Ariftocratie, puis que l'vn des Seigneurs venant à mourir, les autres en mettent vn de nouueau en fa place : on void que s'ils ne défaillent tous à la fois (ce que ie fuppofe qui n'arriue point) l'Etat y eft fans fucceffion. La queftion donc du Droit de fucceffion n'a lieu *que dans la Monarchie*, & mefmement ou le Monarque eft Souuerain abfolu; car en celles de Monarques pour vn temps, tels Monarques ne font à vray dire que premiers Miniftres d'Etat.

Le Monarque peut difpofer par teftament de la Souueraineté.

XII. Or en premier lieu, fi le Monarque s'inftituë vn *Succeffeur par Teftament*, l'inftitué fuccedera. Car de ce que le Monarque eft étably par le peuple, il a en toutes chofes autant de droit que le peuple : comme i'ay fait voir dans l'article onziéme du chapitre fétiéme ; mais le peuple l'a pû élire auec droit : il peut donc auec autant de droit en élire vn autre. Et puis que les droits font les mefmes dans le *Royaume patrimonial* que dans celuy *par inftitution* ; On void que *tout Monarque peut*

DE LA POLITIQVE. 135

se nommer vn successeur par Testament.

XIII. Mais on ne peut disposer de rien par testament qu'on ne puisse auec mesme droit le donner de son viuant, ou le vendre: Si donc le Monarque transporte son droit de regner, soit par vente, ou en pur don, il le transporte auec justice.

CHAPITRE IX.
Et la donner, & la vendre.

XIV. Mais s'il n'a declaré sa volonté pendant sa vie, ny par Testament, ny en autre façon, il est censé en premier lieu n'auoir pas voulu que l'Etat retombât dans l'Anarchie, ou Etat de guerre de tout sujet contre tout autre, qui seroit la ruine de ses sujets, & cela par deux raisons. La premiere, qu'il ne l'a pû sans violer les Loix de Nature, qui l'obligeoient quant au fore intérieur de pouruoir à toutes les choses necessaires à la paix: La seconde, que s'il l'eût voulu, il luy eût eté aisé de le declarer. Puis comme le droit se transmet selon la volonté du pere, on doit juger de son successeur par les signes de sa volonté: Il est donc censé que le Monarque a voulu que ses Sujets vécussent plutôt sous le gouuernement *Monarchique*, que sous autre: puis que de ce qu'il a regné il a approuué par son propre exemple cette forme de gouuernement; & n'a rien fait ou dit depuis, par quoy on puisse juger qu'il l'ait improuuée.

Le Monarque qui meurt sans tester est toûjours censé auoir voulu pour successeur vn Monarque.

XV. Au reste, puis que par necessité de Nature on ayme mieux laisser son bien à celuy dont il reuient le plus d'honneur & de gloire: & qu'il en reuient le plus de ce qu'on laisse en authorité ses enfans aprés sa mort: Il est à croyre que le pere

Et quelqu'vn de ses enfans.

veut plus de bien à ses enfans, qu'à tout autre. Il est donc censé que sa volonté quand il meurt sans testament, est d'avoir pour successeur *un de ses enfans*: Pourueu toutefois qu'il n'y ait point de signes plus euidens au contraire, comme pourroit estre la Coustume après plusieurs successions. Car il est censé que celuy qui ne dispose point expressément de sa succession s'en rapporte à la Coûtume.

Et plûtôt mâle que femelle. XVI. Parmy les enfans on prefere *les mâles* aux filles : peut-estre parce que pour l'ordinaire ils sont plus propres aux grandes choses, sur tout à faire la guerre, car cela n'arriue pas tousiours : Puis aussi quand la Coustume y est, à cause que ce n'est pas contre la Coustume : & c'est pourquoy on doit expliquer en leur faueur la volonté du pere, si la Coûtume n'est contre, ou quelque signe plus éuident.

Et plûtôt aisné que cadet. XVII. Et puis que les enfans sont égaux, & qu'on ne sçauroit partager la Royauté, c'est à *l'aisné* de succeder. Car s'il y a quelque difference c'est pour l'âge : le plus âgé donc est celuy qui le mérite le mieux. De vray à prendre *la Nature* pour *Iuge* de ce different, celuy qui a le plus d'années a aussi le plus de prudence ; (car cela est pour l'ordinaire) & l'on n'y void point d'autre Iuge que la Nature. Aussi posé qu'on deût tenir égaux tous les freres, il faut *tirer au sort* à qui aura la succession : Mais *la Primogeniture est le sort Naturel*, & elle le donne à *l'aisné*; Et personne n'a droit de juger

DE LA POLITIQUE

juger s'il faut vuider ce différent par cette espece de fort, ou par autre : *La succession apartient donc à l'aisné.* Or ce que ie dis de l'aisné des mâles, se doit entendre aussi comme on void de l'aisnée des filles, quand les raisons y sont les mesmes.

CHAPITRE IX.

XVIII. Mais s'il n'y a point d'enfans, par la mesme raison qu'ils succederoient, c'est aux freres ou aux seurs à succeder : Car les plus proches de sang le sont censés de bienueillançe ; & plus les freres que les seurs ; & les aisnés que les cadets : la raison y étant la mesme que pour les enfans.

Et s'il n'a point d'enfans, son frère plûtôt que tout autre.

XIX. Enfin par la mesme raison qu'on succéde *la Royauté* on succéde aussi *au Droit de succession*. Car si le fils aisné meurt auant son pere, il sera censé auoir transmis à ses enfans son droit de succession, sinon que l'ayeul en eût disposé autrement. C'est pourquoy les neueus & les nieçes succederont plûtôt que leurs oncles. Tout cela s'obserue, dis-ie, si la Coûtume n'est contre ; & il est censé que le pere y consent, s'il n'y contredit.

On succede de mesme au droit de succession qu'a la Souueraineté.

S

CHAPITRE X.

LES ELEMENS DE LA POLITIQVE.

CHAPITRE DIXIESME.

Comparaison des trois espeçes de Gouvernement pour les incommodités qui se rencontrent en chacune.

I. *Comparaison de l'Etat de Nature avec l'Etat Civil.* II. *Le Souverain & les Sujets ont les mesmes commodités, & les mesmes incommodités.* III. *Eloge de la Monarchie.* IV. *Qu'il n'est pas contre l'équité qu'vn seul ait plus de pouvoir que tout le reste.* V. *L'opinion rejettée de ceux qui tiennent que le Seigneur avec ses Esclaues ne soit pas vn Etat.* VI. *Que les imposts sont plus grands sous vn peuple, que sous vn Monarque.* VII. *Que les Sujets innocens sont moins sujets à punition sous un Monarque que sous vn peuple.* VIII. *Que la liberté des particuliers n'est pas moindre sous le Monarque.* IX. *Qu'il ne doit point fascher au particulier de n'estre point admis aux délibérations publiques.* X. *Qu'il n'est pas bon de commettre à de grandes Assemblées qu'on y délibére d'affaires d'Etat, parce que les hommes sont ignorans pour*

S ij

la plus-part: XI. Et l'Eloquence de quelques-vns dangereuse. XII. Aussi pour les factions. XIII. Et pour l'instabilité des Loix. XIV. Et pour le défaut de Secret. XV. Que la Démocratie est sujette à ces inconueniens, parce que naturellement on se plaît à faire voir qu'on a de l'esprit. XVI. Incommodités venans à l'Etat de la minorité du Roy. XVII. La puissance des Generaux d'Armée fait voir l'excellence de la Monarchie. XVIII. La meilleure forme d'Etat est celle où les Sujets sont l'heritage du Souuerain. XIX. L'Aristocratie est meilleure ou plus mauuaise, selon qu'elle tient plus ou moins de la Monarchie.

Comparaison 1. *de* l'Etat de Nature *auec* l'Etat Ciuil.

I'Ay fait voir ce que c'est que *la Démocratie, l'Aristocratie, & la Monarchie*: Maintenant pour juger laquelle des trois est la plus propre à tenir les hommes en paix, & leur procurer les commodités de la vie, il faut les comparer entre elles. Mais voyons premierement en general quelles sont les commodités, & les incommoditez de l'Etat, qu'on ne s'aille pas imaginer qu'il vaudroit mieux viure chacun à sa phantaisie. Hors de la Societé Ciuile *la liberté est entiere*, mais *infructueuse*; & comme vn chacun pour la liberté qu'il a *fait* tout ce qu'il *veut*; aussi pour la liberté des autres, il *souffre* tout ce qu'ils *veulent*: Mais dans l'Etat & Societé Ciuile chaque sujet se reserue ce qu'il faut de liberté pour bien viure & en repos; & les autres en perdent ce qu'il faut, afin de n'estre pas à craindre. Hors de l'Etat Ciuil, tout homme a droit sur toutes choses, mais il ne peut jouïr *de rien*: & dans l'Etat on jouït seurement *d'vn droit limité*. Hors la Societé Ciuile on peut auec droit estre dépoüillé de ses biens, &

tüé, *par le premier venu* : Dans l'Etat rien que par *vn seul*. Hors de la Société Ciuile on n'a pour sa deffence *que ses propres forces* : & dans l'Etat celles *de tous*: Hors de l'Etat nul *ne peut s'assurer* de profiter de son industrie : Dans l'Etat il n'y a personne qui n'en puisse estre *assuré*. Enfin hors de l'Etat Ciuil c'est l'Empire des Passions, la Guerre, la Crainte, la Pauureté, la Misere, la Solitude, la Barbarie, l'Ignorance, la Ferocité : Et dans l'Etat Ciuil on void l'Empire de la Raison, la Paix, la Securité, les Richesses, la Propreté, la Société, l'Air-galand, les Sciences, la Bien-veillance.

CHAPITRE X.

11. Aristote dans sa Politique au sétiéme liure, au chapitre quatorziéme, dit, Qu'il y a deux genres de gouuernemens, l'vn, *au profit du Souuerain*, l'autre, à celuy *des Sujets* ; comme si les differentes especes d'Etat venoient de ce qu'on traite ses sujets auec plus ou moins de rigueur: ce qu'il ne faut pas luy accorder. En effet toutes les commoditez & les incommoditez qui vienent de la forme du gouuernement sont toutes les mesmes pour le Souuerain que pour les sujets. Tout ce qu'il arriue de mal au sujet par malheur, pour sa sottise, par negligence, par paresse, & pour ses débauches peut estre separé des incommoditez du Souuerain : Mais ces maux ne vienent pas de la forme du gouuernement, puis qu'ils peuuent arriuer en toute espece d'Etat. Si telles incommoditez venoient de l'establissement de l'État, on pourroit les attribuër au gouuernement: Mais en ce cas elles le seroient aussi bien pour le Souuerain,

Le Souuerain & les Sujets ont les mesmes commoditès, & les mesmes incommoditès.

S iij

CHAPITRE X.

que pour les Sujets : de mesme que les commoditez qui en reuienent leur sont communes. De vray & en premier lieu, on void qu'ils ont également la premiere & la plus grande des commoditez qui est *la Paix, & la Deffençe*: Puis que tant le Souuerain que le Sujet se sert à cela *des forces vnies* de tous les Sujets ensamble. Et le malheur le plus grand qui puisse arriuer à vn Etat, qui est vn massacre venant de l'Anarchie où l'Etat peut retomber, menace autant le Souuerain que qui que ce soit des Sujets. En second lieu, si le Souuerain leue de si grandes sommes sur ses Sujets, qu'ils n'ayent pas dequoy s'entretenir, & leurs familles, & se conseruer en santé, ce n'est pas moins à son dommage qu'au leur : Puis que quelques richesses qu'il ait, il ne peut sans l'aide & le corps de ses Sujets se conseruer son Etat & ses richesses. Et quand il n'éxige que ce qu'il faut pour le gouuernement de l'Etat, c'est aussi bien pour la commodité des Sujets que pour la sienne, qui viuront en paix entre eux, & se deffendront de concert. Et on ne peut s'imaginer que les richesses de l'*Epargne* du Souuerain, qui est le *Thrésor public*, incommodent les particuliers, pourueu qu'ils ne soient pas épuisés d'argent, iusqu'à ne pouuoir s'acquerir par leur industrie les choses necessaires à se conseruer le corps & l'esprit en vigueur : car cela estant, le Souuerain se sentiroit de ce des-ordre, qui ne viendroit pas de *la mauuaise institution* de l'Etat : (puis qu'en tout Etat le Sujet peut estre opprimé :) mais de la *mauuaise conduite* de l'Etat bien établi :

DE LA POLITIQVE.

CHAPITRE X.
Eloge de la Monarchie.

III. Or que des trois especes d'Etat que j'ay dit, la Democratie, l'Aristocratie, & la Monarchie, celle-cy soit *la meilleure*, il le faut prouuer en comparant les commoditez & les incommoditez de chacune. Ce donc qu'on allegue, que l'Vniuers est regy par *vn seul Dieu*; Que les Anciens prefererent l'Etat Monarchique aux autres, faisans *Iuppiter* Roy des Dieux; Qu'au commancement des Nations la volonté des Princes fit *toutes les Loix*; Que l'*Empire paternel* institüé de Dieu dans la creation du Monde est Monarchique; Que les autres espeçes de gouuernement ont esté bâties depuis * par l'artifiçe des hommes *du débris des Monarchies*, arriué par seditions & guerres ciuiles: & que le peuple de Dieu vécut *sous la puissançe des Rois*: quoy que tout cela soit à l'honneur de la Monarchie; toutefois comme c'est par exemples seulement & par authorités, & non par raison, ie le passeray sous silençe.

* *Voyés les Remarques.*

IV. On trouue certaines gens à qui le gouuernement *d'vn seul homme* n'agrée pas, pour cela mesmes qu'il l'est *d'vn seul*: comme s'il n'étoit pas iuste qu'*vn seul* hóme d'entre *tant* d'hommes eût tant de puissançe, que de pouuoir faire de tous les autres à son bon plaisir. Ces gens là voudroient, ce semble, se tirer de mesme s'il se pouuoit de leur Etat de Sujets à *vn seul Dieu*. Mais c'est par enuie ce qu'ils disent de cét *vn seul*, qu'ils voyent qui a *seul*, ce que voudroient tous les autres: Auec autant de raison croyroient-ils aussi peu iuste qu'*vn petit nombre* d'hommes gouuernât les autres, s'ils n'étoient de ce

Qu'il n'est pas contre l'equité qu'vn seul ait plus de pouuoir que tout le reste.

petit nóbre, ou qu'ils n'esperassent d'en estre. Car s'il est iniuste qu'on n'ait pas autant de droit les vns que les autres, l'Aristocratie est vn gouuernemét iniuste: Puis donc que i'ay démontré que l'Etat d'égalité est l'Etat de la guerre de tout homme contre tout autre ; & que c'est pour cela mesmes que tout d'vn commun aduis on a introduit l'inégalité: cette inégalité n'est pas iniuste, par laquelle si quelqu'vn a plus que les autres, c'est que les autres le luy ont donné. Les inconueniens donc qui vienent de ce qu'vn homme regne seul ne vienent pas de *l'vnité*, mais de *l'homme*. Voyons donc quel gouuernement est le plus incommode aux Sujets, celuy *de l'homme* ou *des hommes*.

L'opinion rejettée de ceux qui tienent que le Seigneur auec ses Esclaues ne soit pas vn Etat.

v. Mais il faut reietter plûtôt ce que disent quelques-vns, *Qu'vn Seigneur & ses Esclaues* en quelque nombre qu'ils soient ne fassent pas *vn Etat*. Dans l'article neuuiéme du chapitre cinquiéme i'ay definy Que *l'Etat est vne personne composée de beaucoup de gens, qui par leurs pactes mutuels ont fait qu'on d'eût prendre la volonté de cette personne pour leur volonté d'eux tous, Au moyen dequoy elle ait droit d'vser & de se seruir comme bon luy semblera de la force & des facultés de chacun d'eux, pour les faire viure en paix, & pour leur deffance commune:* Et par le mesme article, quand les volontés de diuers particuliers sont contenuës sous la volonté *d'vn seul*, c'est *vne personne*: Mais la volonté de tout Esclaue est contenuë dans celle de son Seigneur ; ainsi que i'ay demontré dans l'article cinquiéme du chapitre huitiéme ; & pour cela mesmes

DE LA POLITIQVE. 145

mesmes le Seigneur se peut seruir comme il voudra de la force & des facultés d'vn chacun de ses Esclaues : c'est donc vn Etat que cela. Aprés tout on ne sçauroit rien dire contre, qui ne soit autant contre l'Etat du Pere & de ses enfans : car les Esclaues tienent lieu d'enfans au Seigneur qui n'en a point ; ils ne sont pas moins son honneur & sa deffençe ; & ne luy sont pas moins sujets que le fils au pere, ainsi que i'ay demontré dans l'article cinquiéme du chapitre huitiéme.

CHAPITRE X.

VI. Vne des incommoditez qui vienent de l'authorité Souueraine est que qui commande *peut si* bon luy semble exiger de ses Sujets *au delà* de ce qu'il faut pour les despenses publiques ; ie veux dire au delà de ce qu'il faut pour l'entretien & les gages des Ministres & Officiers, pour construire des places fortes, & y tenir garnison pour faire la guerre, & pour sa Maison ; & qu'il exige ces sommes pour enrichir ses enfans, ses proches parens, ses Fauoris & ses flatteurs. Il faut aduoüer que cet inconuenient est grand : mais il est de ceux qu'on trouue en toute espeçe d'Etat ; & il est plus aisé a supporter dans la Monarchie que dans la Démocratie. Car que le Monarque veuille enrichir tous ces gens-là : ils sont en petit nombre, quand ce n'est rien que les siens. Mais dans la Démocratie autant qu'il y a de ces gens qu'on apelloit *Démagogues*, qui veut dire Harangueurs, puissans sur l'esprit du peuple. (Or ils sont toûjours en grand nombre, & il en vient tous les iours :) autant y a t-il de gens voulans enrichir leurs enfans, leurs

Que les impôsts sont plus grands sous vn peuple que sous vn Monarque.

T

CHAPITRE X.

proches parens, leurs amis & leurs flatteurs. Car non seulement ils veulent faire leur maison pour se rendre d'autant plus puissans & considerables : mais encore pour cela mesmes ils se font des creatures. Le Monarque s'il pouruoit ses Ministres & Fauoris des principales Charges, tant pour la Paix que pour la Guerre, comme ils sont en petit nombre, peut les enrichir sans que les autres s'en sentent : Mais dans la Démocratie où sont tant de gens affamés, & tous les iours de nouueaux, cela ne se peut qu'on n'y foule le Sujet. Le Monarque s'il peut donner tous emplois à qui le merite le moins, ne le veut que rarement : Mais dans la Démocratie tous les Orateurs du peuple sont censez le vouloir toûjours, puis qu'il leur est expédient. En effet qu'vn d'eux le fit sans que les autres le fissent, il se rendroit si puissant, qu'il pourroit donner jalousie à tous les autres & au peuple.

Que les Sujets innocens sont moins sujets à punition sous vn Monarque que sous vn peuple.

VII. Vne autre chose incommode de la puissance Souueraine, est cette crainte perpétuelle de mort où on doit estre quand on vient à considerer que le Souuerain peut non seulement établir toutes peines contre tout crime, mais mesmes faire égorger de colere, & par caprice ses bons & fidelles Sujets, & qui auront gardé ses Loix. Et certes l'inconuenient est grand en toute espece d'Etat, quand il se pratique ainsi : car c'est vn inconuenient, parce seulement qu'il se fait, & non parce qu'il se peut. Mais la faute est *de qui gouuerne*, & non *du gouuernement :* car tout ce qu'a fait *Néron* n'est pas essentiel à la

DE LA POLITIQVE. 147

Monarchie. Et toutefois les Sujets sont moins souuent condamnés sans l'auoir merité sous le regne d'vn Monarque que d'vn Peuple. Car vn Roy ne peut s'emporter que contre qui l'importune de Conseils à contre-temps, ou l'offançe de parole, & luy témoigne de la mauuaise volonté : Mais cependant il empesche que ses Sujets qui ont le plus de pouuoir ne fassent de mal aux autres. Qu'on ait donc pour Roy *vn Néron*, ou vn tel homme que *Caligula*: personne n'en peut souffrir sans le meriter, que ceux qui luy sont connus, c'est à dire les gens de la Cour; Encore n'est-ce pas tous, mais seulement ceux qui ont ce qu'il a enuie d'auoir : car quant à ceux qui le faschent ou l'offançent comment que ce soit, ils sont punis auec justice. Dans la Monarchie donc qui veut *cacher sa vie* est en seureté, quelque Monarque qui regne ; le seul Ambitieux s'expose ; les autres sont à couuert des injures de plus grand qu'eux. Mais où le peuple gouuerne : on peut voir *autant de Nérons que de Harangueurs* ; le moindre de ces gens-là peut autant que tout le peuple ; & on les void sauuer chacun à son tour des gens qui par ambition ou haine particuliere auront fait perir leurs Concitoyens, comme par ce pacte tacite entre eux, *Laisse moy faire auiourd'huy, ie te laisse faire demain.* D'ailleurs la puissance du simple particulier a ses bornes, au delà dequoy elle nuiroit à l'Etat : Et c'est pourquoy le Monarque se trouue contraint quelque-fois à pouruoir que l'Etat n'en souffre point. On a donc vû les Monarques ôter de cette puissance, en ôtant des biens

T ij

CHAPITRE X.

& richesses, quand elle venoit de là ; & se defaire de quelque Sujet pour auoir gagné le peuple : mais cela se fait aussi fort souuent dans les Républiques. Car on exiloit *par Ostracisme à Athénes*, ceux qui auoient le plus de pouuoir, seulement pour le pouuoir qu'ils auoient ; & *à Rome* on faisoit mourir comme affectans d'estre Rois, ceux qui captoient par bien faits la bien veillance du peuple. La Démocratie donc & la Monarchie sont pareilles en cela : & si leur reputation a esté si differente, c'est que *la reputation vient du peuple* ; & que baucoup de gens loüent ce que font beaucoup de gens. Ainsi tel Monarque fera telle chose qu'on dira que c'est *paruenue*, que si vne République le faisoit on diroit que ce seroit *Politique*.

Que la liberté des particuliers n'est pas moindre sous le Monarque.

VIII. Quelques gens tienent la Monarchie plus incommode que la Démocratie, en ce, disent ils, qu'on y a *moins de liberté*. Si par la liberté ils entandent qu'on soit exempt de toute sujetion aux Loix, c'est à dire aux commandemens du Peuple, il n'y a point du tout de liberté ny dans la Démocratie, ny dans aucune autre espeçe d'Etat. Que s'ils mettent la liberté en ce qu'il y ait moins de Loix, & moins de choses deffanduës, telles que ne l'étant pas il n'y auroit point de paix : En ce cas ie leur nie qu'il y ait plus de liberté dans la Démocratie que dans la Monarchie ; quand de vray la Monarchie n'est pas plus incompatible auec cette liberté. Car pour auoir mis aux portes & aux bastions des villes de grandes inscriptions, en gros caracteres, où l'on voye *Liberté*.

Ce n'eſt pas de la liberté *du particulier*, mais *du public*; & l'inſcription en ſera la meſme *pour toute ſorte d'Etats*. Mais quand les particuliers, ie veux dire les Sujets, crient liberté, ſous ce nom de liberté, c'eſt le Droit de Seigneur & de Maiſtre qu'ils demandent; ce n'eſt rien qu'ignorance, s'ils ne s'en aperçoiuent pas. En effet que chacun accorde à tout autre (ſelon le précepte de la loy de Nature) la meſme liberté qu'il voudroit pour ſoy, voila l'Etat de Nature; les voila dans cette confuſion, laquelle s'ils y ſongeoient ils rejetteroient ſans doute comme plus mauuaiſe que toute ſujettion ciuile. Mais auſſi qu'on demande d'eſtre libre, & que tous les autres ſoient obligez, que demande-t-on; ſi ce n'eſt d'eſtre leur Maiſtre? Car n'étant pas attaché on eſt Maiſtre de qui l'eſt, en quelque nombre que ce ſoit. La liberté des Sujets n'eſt donc pas plus grande dans l'Etat populaire que dans la Monarchique. Ce qui impoſe & donne à croire le contraire, eſt qu'on participe également aux Charges publiques, & à la Souueraineté. Car où le peule eſt Souuerain, les Sujets participent à la Souueraineté, en tant que parties du peuple: & quant aux charges & emplois, ils y participent également, en ce que leurs ſuffrages ſont égaux pour l'eſlection des Magiſtrats, & des Miniſtres publics. C'eſt ce que veut dire *Ariſtote*, quand il prend comme les autres, & comme on parloit alors *la Liberté* pour *la Souueraineté:* Car on void ces propres termes au chapitre ſecond du ſixiéme liure de ſa Politique : *On ſuppoſe que la liberté ſe trouue dans*

T iij

CHAPITRE X.

l'Etat Populaire ; ce qu'on dit communement, comme ſi hors de cet Etat, il n'y auoit perſonne de libre. D'où l'on peut tirer en paſſant que les Sujets qui déplorent dans la Monarchie leur liberté perduë, n'ont d'autre mal de cœur que de n'eſtre pas appellés au gouuernement de l'Etat.

Qu'il ne doit point faſcher au particulier de n'eſtre point admis aux déliberations publiques.

IX. Mais peut-eſtre pour cela meſmes quelqu'vn nous viendra-t-il dire que l'Etat populaire doit l'emporter de bien loin ſur le Monarchique, que tous y étans apellés aux affaires d'Etat, on puiſſe montrer en public ſa prudence, ſon ſçauoir, & ſon eloquence aux grandes deliberations, d'affaires difficiles & de conſequence ; ce qui pour le deſir naturel de gloire, eſt la choſe du monde la plus touchante à tout home ayant en effet, ou qui croit auoir ces vertus en vn degré éminent : au lieu que dans la Monarchie ce chemin à la gloire & aux emplois eſt fermé à la plus-part des habiles gens : Et qu'y a-t-il d'incommode ſi cela ne l'eſt ? Ie le diray. Voir l'aduis de Tel que vous n'eſtimez pas trop, preferé au voſtre ; Vous voir meſpriſé en face auec toute voſtre Sageſſe ; Eſtre aſſeuré de vous faire des ennemis dans vn combat douteux de vaine-gloire, (car on ne ſçauroit l'éuiter, ſoit qu'on vainque ou qu'on ſoit vaincu ;) haïr, & eſtre haÿ pour les differens aduis; Faire connoître à tout le monde ſans beſoin & ſans profit ce que vous auez dans l'ame, negliger vos propres affaires, ce ſont là de vrayes incommoditez. Mais ne vous trouuer pas à vous picquer d'eſprit, quelque plaiſir qu'on y ait, quand on eſt beau parleur, ce n'eſt

DE LA POLITIQVE 151

rien de fort incommode, si nous ne disons aussi qu'il est bien fascheux à l'homme de cœur qu'on l'empesche de se battre pour plaisir.

x. D'ailleurs force choses empeschent qu'on ne prene de si bonnes resolutions dans vne grande Assamblée, que quand on est peu de gens à deliberer: Dont l'vne est que pour deliberer iuste de toutes les choses necessaires à la conseruation de l'Etat, il faut sçauoir les affaires non seulement du dedans, mais du dehors: Du dedans, comme par exemple dequoy on vit dans l'Etat; Quelles sont les choses necessaires à sa deffançe, & d'où on les tire, en quels lieux mettre garnison, d'où leuer soldats; dequoy les faire subsister; Quels sentimens on y a du Souuerain, & des Ministres d'Etat, & autres choses semblables: Du dehors; comme de sçauoir ce que peut tout Etat vosin; En quoy consiste sa puissançe; Quel bien, quel mal il nous fait; Qu'est ce qu'on y pense de nous; comment on y vit; & quelles resolutions on y prend de iour à autre. Quand donc il faut sçauoir tout cela: & que non seulement la plus-part ne le sçauent pas, mais mesmes en sont incapables, que peuuent-ils faire en grand nombre que seruir d'empéchement aux bonnes resolutions.

CHAPITRE X.

Qu'il n'est pas bon de commettre à de grandes Assemblées qu'on y délibere d'affaires d'Etat, parce que les hommes sont ignorans pour la plus part.

xi. Vne autre cause de ce qu'vne grande Assamblée est moins propre à déliberer, Est que pour s'y rendre agréable & acquerir de l'estime, on doit faire de beaux discours auec beaucoup d'éloquençe, quand on donne son suffrage. Or c'est le propre de l'éloquence de faire paroistre le bien & le mal

Et l'Eloquence de quelques vns dangereuse.

l'vtile & l'inutile, l'honneste & le des-honneste, plus grand ou plus petit, *que le Naturel*; & de faire passer pour iuste ce qui ne l'est pas, selon qu'on y a interest: Car c'est *persuader* que cela: Et combien qu'on y raisonne, ce n'est pas sur de bons principes, mais seulement sur quelques opinions, qui pour être generalement receuës ne laissont pas d'estre fausses: Ioint que ce n'est pas à la Nature des choses, mais à sa passion qu'on fait venir son discours: De là vient que les aduis ne se forment point par raison, mais par caprice: & ce n'est pas la faute de l'Orateur, mais de l'Eloquence: en ce que, comme ils aduouënt, elle a pour fin *la victoire*, & iamais *la verité*, si ce n'est par accident quand il se rencontre; & *persuade* seulement, sans faire métier *d'enseigner*.

Aussi pour les factions. XII. La troisiéme cause qu'on délibére moins vtilement dans vne grande Assamblée, est que de là viennent les factions dans l'Etat, & des factions la sédition & la guerre ciuile. Car quand deux Orateurs égaux se sont trouués d'aduis contraires, le vaincu prend en haïne le vainqueur, & tous les gens de mesme aduis, comme ayans méprise le sien: Il s'étudie donc à faire reüssir les choses à contre pied, fût-ce contre le bien public, voyant que c'est le moyen de récouurer son honneur, & l'ôter à son Aduersaire. D'ailleurs quand les Suffrages ne sont pas tant inégaux qu'il ne reste aux vaincus quelque esperance de vaincre en gagnant quelques aduis, les principaux apellent les autres à déliberer entre eux, comment abroger le décret donné. Ils font partie

DE LA POLITIQVE. 153

partie de se trouuer les premiers, & en grand nombre à la premiere Assamblée; s'accordent de ce que chacun y dira, & le quantiéme il parlera : qu'ayant fait reuoir l'affaire, ce qui auoit passé par pluralité d'aduis contraires soit reuoqué dans l'absence des moins soigneux de l'autre party. Et C'est là le soin & l'industrie *à faire le peuple* qu'on apelle *une faction*. Que si la faction de moins de suffrages se trouue auec le plus de force, ou qu'elle ne soit pas de beaucoup plus foible : ils entreprenent par force, ce qu'ils n'ont pû par adresse, & auec leur eloquençe; Et voilà la guerre ciuile. Mais cela dira quelqu'vn n'arriue pas nécessairement, ny souuent : Il pourroit dire de mesme que ceux qui haranguent le peuple ne sont pas nécessairement désireux de gloire ; & qu'aux grandes affaires les grands Orateurs ne sont pas souuent de contraire aduis.

CHAPITRE X.

XIII. Il suit de tout cela, Que quand ces Assamblées ont le pouuoir absolû de faire les Loix, les Loix y sont incertaines; & que ce n'est pas selon les affaires, ou selon qu'on y change d'aduis, mais selon qu'il vient à l'Assamblée plus ou moins de factieux de part que d'autre. Les Loix donc, pour ainsi dire, y flottent çà & là, comme on verroit d'vn petit vaisseau sur les ondes qui flotteroit au gré du vent.

Et pour l'instabilité des Loix.

XIV. En quatriéme lieu, l'inconuenient est grand aux délibérations des grandes Assamblées, Que les desseins de la République (qu'il importe presque toûjours de tenir secrets) sont plûtôt éuantés &

Et pour le défaut de Secret.

V

connus de l'ennemy, qu'on ne les puisse effectuer: Ainsi l'Etranger connoît aussi bien que le peuple mesme ce qu'il peut, ce qu'il ne peut, & ce qu'il veut ou ne veut pas.

CHAPITRE X.

Que la Démocratie est sujette à ces inconueniens, parce que naturellement on se plaît à faire voir qu'on a de l'esprit.

XV. Ces inconueniens qu'on trouue aux délibérations des grandes Assamblées, sont voir la Démocratie aussi loin derriere la Monarchie, qu'on y donne plus souuent les grandes affaires à discuter, à de telles Assamblées; & qu'on ne peut faire autrement. Car il n'y a point de raison de vacquer plus volontiers aux affaires d'Etat qu'aux siennes propres, sinon que par son Eloquence on peut s'y mettre en estime d'homme d'esprit & de bon sens; & qu'étant de retour chez soy, on triomphe parmy ses amis, auec sa femme & ses enfans, de ce qu'on a reüssi. Ainsi on dit que toute la joye de *Marcus Coriolanus*, pour ses grandes actions étoit de voir sa mere rauie de les entandre. Que si dans la Démocratie le peuple déferoit à *vn seul homme*, ou *à peu* de gens le droit de déliberer de la guerre, & de la paix, & des Loix à faire; & qu'il se contantât de nommer les Magistrats, & les Ministres publics: En vn mot s'il se contantoit *de la puissance sans Ministére*: il faut aduoüer qu'en ce cas la Démocratie & la Monarchie seroient *égales* pour ce regard.

Incommodités venans à l'Etat de la Minorité du Roy.

XVI. Aussi les commoditez & les incommoditez qu'on trouue plus grandes en vne espece d'Etat qu'aux autres ne vienent pas qu'il sont mieux de confier à vn homme seul qu'à plusieurs, ou au contraire à beaucop de gens qu'à peu, l'authorité Souueraine:

DE LA POLITIQVE. 155

mais seulement la conduite des affaires. En effet l'authorité *Souueraine* n'est que *la Puissance*; & *l'Administration* est *l'Acte* du Gouuernement. Or la puissance est égale en toutes espèces d'Etat; & les Actes seuls
différent, c'est à dire les mouuemens, & les actions
de l'Etat, entant qu'elles vienent des déliberations
de peu de gens ou de beaucoup, & habiles ou mal-
habiles. D'où l'on entend que les commoditez & les
incommoditez du Gouuernement ne vienent pas
du Souuerain, mais des Ministres d'Etat : Et qu'ainsi
rien n'épéche que l'Etat ne puisse estre bien gouuerné sous le regne d'vne femme, ou d'vn enfant, pourueu que les Ministres d'Etat & les Officiers en charge
publique s'acquitent bien de leur deuoir. Ainsi ce
qu'on dit *Malheur au Royaume quand il a son Roy
enfant*, ne signifie pas que la condition de la Monarchie soit inferieure à l'Etat populaire : mais tout au
contraire, que c'est au Royaume vn inconuenient
par accident, Que durant la minorité il arriue quelquefois que *beaucoup de gens intrûs* par ambition
ou par force dans le Conseil d'Etat, le Royaume est
gouuerné *Democratiquement* : d'où naissent les ca-
lamitez qui accompagnent pour la plus part *l'Etat-
Populaire*.

XVII. Or vn signe tres-éuident que la Monarchie la plus absoluë est la meilleure de toutes les
formes d'Etat, est que non-seulement les Rois, mais
aussi les Etats & Empires gouuernez par vn peuple
ou par des Seigneurs, donnent à vn homme seul
toute l'authorité pour la guerre; & cela si absolû-

CHAPITRE X.

La puissance des Generaux d'Armée fait voir l'excellen-ce de la Mo-narchie.

V ij

ment, qu'on ne void point de pouuoir plus ample. (Où ie remarque en paſſant, Qu'vn Roy ne peut donner à ſes Generaliſſimes plus de pouuoir ſur ſes armées, qu'il n'a droit luy-meſme d'en exerçer ſur tous ſes Sujets :) La Monarchie donc eſt à ce compte pour *vn Camp* le meilleur de tous les gouuernemens. Mais vn Etat & Empire qu'eſt-il autre choſe qu'*vn Camp en armes, & retranché* contre tous autres Empires? Et quand il ne peut y auoir de commune puiſſance qui les contraigne, quelque paix incertaine qu'on y voye de temps en temps, comme de petites treuues, N'eſt il pas vray que l'Etat où ils ſont entre eux n'eſt rien que *l'Etat de Nature*, qui veut dire *l'Etat de Guerre*?

La meilleure forme d'Etat eſt celle où les Sujets ſont l'heritage du Souuerain.

XVIII. Enfin quand pour ſe conſeruer il a fallu qu'on ſe fiſt ſujet d'vn Monarque, ou d'vne Republique : la condition de l'homme en qualité de Sujet ne ſçauroit eſtre meilleure, que quand celuy dont il l'eſt à intereſt qu'il ſoit toûjours *ſain & ſauue*. Or cela eſt quand nous ſommes *l'heritage du Souuerain* : car chacun prend ſoin de conſeruer ſon heredité. Mais ce ne ſont ny les biens en fonds des Sujets, ny leur argent, qui ſont les richeſſes du Prince ; mais leur corps & leur eſprit en bonne diſpoſition : & on l'auouëra aiſément, ſi on prend garde à quel haut prix on met la Democratie & proprieté d'vn Etat ; & combien il eſt plus facile aux hommes d'acquerir de l'argent, qu'à l'argent d'acquerir des hommes. Et mal-aiſément ſe trouuera-t-il quelque exemple d'vn ſujet à qui ſon Prince ait

DE LA POLITIQVE.

fait perdre la vie, ou les biens par caprice seulement, & sans qu'il y eût de sa faute.

XIX. Iusques icy i'ay comparé l'Etat *Monarchique* & le *Populaire*, sans rien dire de *l'Aristocratique*. Mais sur ce que i'ay dit des autres, il semble qu'on peut conclure que l'Aristocratie *héréditaire*, qui se contente d'élire les Magistrats, & renuoyer à peu de gens & capables les grandes déliberations : En vn mot, qui imite autant qu'il se peut l'administration *d'vn Monarque*, & celle d'vn *Peuple* le moins qu'il se peut, est la meilleure de toutes pour les particuliers, & de plus longue durée.

CHAPITRE X.
L'Aristocratie est meilleure ou plus mauaise, selon qu'elle tient plus ou moins de la Monarchie.

LES ELEMENS DE LA POLITIQUE.

CHAPITRE ONZIESME.

Passages & exemples de la Saincte Escriture à confirmer le Droit de Roy.

I. *L'Etat par institution commance par le consentement du Peuple.* II. *Le Droit de juger les Sujets, & de faire la Guerre depend de la volonté du Souuerain.* III. *Nul n'a droit de punir le Souuerain.* IV. *Ce n'est pas vn Etat, mais vne Anarchie, où l'on n'a point de puissance Souueraine.* V. *Que tout Esclaue doit obeissance pure & simple à son Seigneur, & tout autre homme à son Pére.* VI. *L'Authorité Souueraine confirmée par passages tres-éuidens tant du vieux que du Nouueau Testament.*

I.  Ans l'article second du chapitre sixiéme i'ay fait voir que le commencement de l'Etat par Institution ou Politique, vient du consentement d'vne multitude, ou grand nombre d'hommes Assamblés,

l'Etat par institution commence par le consentement du peuple.

LES ELEMENS

CHAPITRE XI.

tel que qui ne le donne pas demeure ennemy de l'Etat. Tel fut le commançement du Royaume de Dieu sur les Iuifs, instituë par Moyse : ^a *Si vous ecoutés ma parole, &c. Vous serés mon Royaume Sacerdotal, &c. Moyse vint, & conuoqua tous les Anciens du peuple : &c. Et tout le peuple ensamble répondit, Nous ferons tout ce qu'a dit le Seigneur.* Tel fut aussi le commançement de la puissance de Moyse sous Dieu, ie veux dire de Vice-Roy : ^b *Tout le peuple entandoit, & voyoit, les voix, & les lampes : &c. Ils dirent donc à Moyse, Parlés & nous obeïrons.* Tel fut le commencement du Royaume de Saül. ^c *Car voyant que Naas, Roy de la raçe d'Ammon, venoit pour vous opprimer, vous me dites Non pas cela ; mais nous aurons vn Roy à nous commander ; (que Dieu le Seigneur regnoit sur vous :) Maintenant donc voylà vôtre Roy, que vous aués éleu & demandé.* Or comme tous n'y consentoient pas, mais seulement la plus-part : les enfans de Bélial disans au contraire par dérision, ^d *Comment donc ? Cet homme-là nous sauuera ?* Tous les autres se mirent à les chercher pour les mettre à mort, comme ennemis de l'Etat. ^e *Quelles gens donc viennent dire que Saül ne sera pas nostre Roy ? Donnés nous ces gens là : (dit tout le peuple à Samuël :) que nous les fassions mourir.*

a Au chapitre dix-neuuiéme de l'Exode.
b Au mesme.
c Au premier Liure des Rois au chapitre douziéme.
d Au chapitre dixiéme.
e Au chapitre onziéme.

Le Droit de juger les sujets & de faire la guerre dépend de la volonté du Souuerain.
f Au chapit. 8.

11. Aux articles sixiéme, & sétiéme du mesme chapitre, i'ay fait voir que le Droit de *Iuger* de toutes affaires, & celuy de *faire la guerre* est au Souuerain, qui en vse à son bon plaisir, le peuple mesme l'a voulu, & l'a jugé. ^f *Nous serons, dit tout le Peuple,*

DE LA POLITIQVE.

Peuple, comme les autres Nations: *Nostre Roy nous jugera, & marchera à la teste de l'armée; & fera la guerre pour nous.* Et le Roy Salomon parlant à Dieu de l'exercice de ce Droit: g *Il vous plaira donc de donner à vôtre seruiteur vn cœur docile, qu'il puisse juger vôtre Peuple, & discerner entre le bien & le mal.* Ioint ce que disoit Absalon: h *Il n'y a personne étably de par le Roy pour vous juger.*

III. Aussi dans l'article douziéme du chapitre sixiéme i'ay démontré que les Sujets n'ont pas droit *de punir* leur Roy: Et Dauid confirme cela: lequel quand Saül le faisoit chercher pour le faire mourir, luy sauua la vie, auertissant Abisaï, ¹ *Garde toy de le tuer; On ne peut mettre la main sur l'Oint du Seigneur sans crime.* Et quand il luy eût coupé le bord de son saye, ᵏ *A Dieu ne plaise*, dit-il, *Que ie fasse iamais à mon Maistre, l'Oint du Seigneur telle chose que cela, de luy mettre la main dessus.* Et quand l'Amalécite eut tué Saül, quoy que ce fût son interest, & qu'il l'eût fait pour le seruir, ¹ il le fit mourir sur le champ.

IV. Ce qu'on trouue au verssec sixiéme au chapitre dix-setiéme des Iuges, *En ce temps-là il n'y auoit point de Roy en Israël, mais vn chacun faisoit tout ce que bon luy sembloit* (comme si l'Anarchie & la confusion de toutes choses estoit où il n'y a point de Monarchie:) pourroit être allegué pour prouuer l'excellence du Royaume sur les autres espeçes de gouuernement, n'étoit que sous le nom *de Roy*, on pourroit entandre aussi bien

CHAPITRE XI.

g *Au troisiéme Liure des Rois au chapitre troisiéme.*

h *Au second Liure des Rois au chapitre 15. Nul n'a droit de punir le Souuerain.*

k *Au premier Liure des Rois au chapit. 24.*

l *Au second Liure des Rois chapitre premier.*

Ce n'est pas vn Etat, mais vne Anarchie où l'on n'a point de puissançe Souueraine.

X

vne Assemblée Souueraine ayant la mesme authorité. Cependant l'expliquât-on en ce sens : toûjours en tire-t-on cela : que sans l'authorité Souueraine & absoluë, chacun fait ce que bon luy
semble ; ainsi que i'ay démontré au chapitre sixiéme. Quand donc tel genre de vie est incompatible auec la conseruation du genre humain, il
faut par la loy de Nature, *Qu'en tout Etat on ait quelque part la puissance Souueraine.*

*Que tout Es-
claue doit obeis-
sance pure &
simple à son
Seigneur, &
tout autre hom-
me à son pere.
m n Au cha-
pitre troisiéme
de l'Epistre
aux Colossiens.*

v. I'ay dit aux articles setiéme & huitiéme du
chapitre huitiéme, *Que tout Esclaue doit obeissançe
pure & simple à son Seigneur*; Et dans l'article setiéme du chapitre neuuiéme, *Que les enfans la
doiuent telle à leurs peres*: Saint Paul leur en dit autant : Et en premier lieu aux Esclaues, [m] *Esclaues
obeissés en toutes choses à vos Seigneurs selon la chair;
ne seruès point à cause qu'on y prend garde, & seulement pour plaire aux hommes ; mais en simplicité de
cœur, & auec la crainte de Dieu.* Puis aux enfans :
[n] *Enfans obeissés à vos peres en toutes choses, car
c'est le bon plaisir du Seigneur.* Et comme par cette obeïssançe *pure & simple* en toutes choses,
i'entens de tout ce qui n'est pas contre les loix
de Dieu : Aussi aux endroits de Saint Paul que
i'ay allegués, il faut entendre ce mot *Toutes choses*
que ce soit, à la reserue de celles qui sont contre
les Loix de Dieu.

*L'authorité
Souueraine co-
firmée par Pas-
sages tres-eui-*

vi. Mais pour n'estre pas obligé de cofirmer
en détail tous les droits des Souuerains, voicy les
Textes & Passages qui confirment à tout prendre

leur puissance Souueraine, & que les Sujets leur doiuent obeïssance pure & simple. Au nouueau Testament nous auons ceux-cy. ᵒ *Les Scribes & les Pharisiens sont assis sur la chaire de Moyse : Gardés donc, & faites tout ce qu'ils vous commanderont.* Faites, dit-il, toutes choses, c'est à dire obeïssez purement & simplement : Et pourquoy ? parce qu'ils sont assis sur la chaire de Moyse ; c'est à sçauoir sur la chaire du Prince Ciuil, & non d'Aaron le Grand Prestre. ᵖ *Que toute ame soit sujette aux puissances Superieures : Car il n'y a point de puissance qui ne viene de Dieu : Et celles qui sont, c'est que Dieu les a voulues. Celuy donc qui leur resiste, resiste à la volonté de Dieu : Mais qui s'oppose à ses ordres s'acquiert la damnation, &c.* Puis donc que les Puissances qui estoient du temps de Saint Paul, auoient esté ordonnées de Dieu ; Et que tous les Rois de ce temps-là exigeoient de leurs Sujets obeïssance pure & simple : il suit que cette puissance a esté establie par l'ordre de Dieu. ᑫ *Soyez donc sujets pour Dieu à toute humaine Créature : Premierement à vostre Roy, comme étant au dessus de tout ; puis aussi à ses Gouuerneurs, comme venans de sa part, pour chastier les meschans au grand honneur des gens de bien : car c'est la volonté de Dieu.* Et derechef Saint Paul escriuant à Tite, ʳ *Auertissez-les*, dit-il, *qu'ils soient sujets à leurs Princes, & aux Puissances ; qu'ils exécutent leurs ordres.* A quels Princes donc ? N'est-ce pas à ceux de ce temps-là ; & qui exigeoient

CHAPITRE XI.

dens & exprés, tant du vieux que du nouueau Testament.

ᵒ Au chapitre 23. de S. Matthieu.

ᵖ Au chapitre 13. de l'Epistre aux Romains.

ᑫ Au chapitre second de la premiere Epistre de S. Pierre.

ʳ Au chapitre troisième.

l'obeïssance pure & simple ? Puis pour aporter icy l'exemple de *Iesus-Christ* mesme, à qui le Royaume des Iuifs apartenoit de Droit, comme étant descendu de Dauid : Quand il vécut en Sujet, il paya Tribut à César ; & dit que le Tribut étoit de César. ˢ *Rendés*, dit-il, *à César ce qui est à César ; & à Dieu, ce qui est à Dieu* : Et quand il luy pleut de faire le Roy, il voulut cette obeïssance pure & simple : ᵗ *Allés*, dit-il, *au chasteau voisin : vous trouuerrés à l'entrée une anesse attachée auec son poulain ; détachés-là ; & me l'emmenés : & si quelqu'un s'en formalise, dites que le Seigneur en a affaire.* Il fit donc cela par droit de Seigneur & Maistre ; & comme étant *Roy des Iuifs*. Or ôter son bien au Sujet par cette raison, *Que le Seigneur en a affaire*, c'est la puissance Souueraine. Les Passages que voicy du vieux Testament sont aussi tres-éuidens & exprés pour confirmer cela mesme. ᵘ *Allés-y-vous ; & écoutés tout ce que vous dira le Seigneur Nôtre Dieu, & vous nous le dirés, & nous le ferons.* Or ce mot *Tort* veut dire seul l'obeïssance pure & simple. Et derechef à Iosué. *Ils répondirent à Iosué, & luy dirent :* ˣ *Nous ferons tout ce que vous aués commandé ; Nous ne manquerons pas d'aller où vous nous enuoyerés ; Et comme nous auons obey en toutes choses à Moyse, nous vous obeïrons de mesme : seulement que le Seigneur Dieu soit auec vous, comme il fut auec Moyse. Si quelqu'un vous contredit,*

CHAPITRE XI.

ſ *Au chapitre vingt-deuxiéme de saint Mathieu.*

t *Au chapitre vingt-uniéme.*

u *Au chapitre cinquiéme du Deuteronome.*

x *Au chapitre premier de Iosué.*

DE LA POLITIQVE.

s'il n'obeït pas en tout ce que vous luy commanderés, qu'on le mette à mort. ʸ Et la parabole du buisson. ʸ Tous les arbres dirent au buisson vien & sois nôtre Souuerain : Et il répondit : Si tout de bon vous me faites vôtre Roy, aprochés-vous, & vous reposez à l'ombre que ie feray : Mais si vous n'en voulez rien faire ; Que le feu sorte du buisson, & deuore les Cédres du Liban. Paroles dont le sens est, Qu'il faut obeïr en ce que commande le Roy, à peine d'estre consommez des feux de la guerre Ciuile. Mais Dieu luy mesme décrit encore plus particulierement la puissance Royale par Samuël. ᶻ Prédis leur le Droit du Roy qui regnera sur eux, &c. C'est icy le Droit du Roy qui regnera sur vous : Il vous prendra vos enfans pour les mettre sur ses chariots ; Il vous prendra vos filles à estre ses parfumeuses, &c. Il vous ôtera vos meilleures possessions pour les donner à ses Esclaues, &c. Cette puissance n'est-elle pas absoluë ? Et Dieu luy-mesme l'appelle le Droit du Roy ; Et nous ne voyons personne parmy les Iuifs, non pas mesmes leur *grand Prestre*, exempt de cette obeïssance : car voicy ce que dit *le Roy*, mesmement *le Roy Salomon*, au grand Prestre *Abiathar* : Retire-toy dans ta maison aux champs, en Amathot : & *Tu as merité la mort : & si ie te le remets, c'est que tu as porté l'Arche du Seigneur Dieu en présence de Dauid mon Pére, & pris part à ses souffrances. Et Salomon chassa Abiathar qu'il ne fût plus Prestre du Seigneur.* Or on n'a pas le moin-

CHAPITRE XI.

ʸ *Au chapitre neuuiéme du Liure des Iuges.*

ᶻ *Au chapitre huitiéme du premier Liure des Rois.*

& *Au chapitre second du troisiéme Liure des Rois.*

dre indice que cette action déplût à Dieu ; On ne trouue point que Salomon en fût reprit ; ny qu'en ce temps là, sa personne fût dés-agréable à Dieu.

DE LA POLITIQVE 167

CHAPITRE.
XII.

LES
ELEMENS
DE LA
POLITIQVE.

CHAPITRE DOVZIESME.

Des causes intérieures de la dissolution de l'Etat.

I. *Sentiment seditieux*; Que le particulier ait droit de juger du bien & du mal. II. *Sentiment seditieux*; Que le Sujet péche iamais de ce qu'il obeït au Souuerain. III. *Sentiment seditieux*; Qu'on ait droit de tuër le Tyran. IV. *Sentiment seditieux*: Que le Souuerain comme vn autre soit sujet aux Loix Ciuiles. V. *Sentiment seditieux* : Qu'on puisse partager l'authorité Souueraine. VI. *Sentiment seditieux* : Qu'on ne puisse acquerir la foy & la Sainteté en s'y appliquant, & par raison, mais seulement par infusion & inspiration surnaturelle. VII. *Sentiment seditieux* : Que le sujet soit Maistre & Seigneur absolu de ses biens. VIII. *Cela dispose à sedition qu'on ne sçache point la difference de la multitude & du peuple.* IX. *Qu'on se sente* trop chargé d'impôts. X. *Qu'on ait trop* d'ambition. XI. *Et qu'on espere d'y reüssir.* XII. L'E-

CHAPITRE XII.

Sentiment séditieux; Que le particulier ait droit de juger du bien & du mal.

loquence sans sagesse *émeut à sedition.* XIII. *Comment la sottise du peuple, & l'Eloquence des ambitieux, causent ensemble la ruine de l'Etat.*

I. IVsques içy i'ay dit par quels moyens & quels pactes s'établit l'Etat, & quels y sont les droits du Souuerain sur le Sujet : c'est içy le lieu de parler des causes de sa dissolution, ie veux dire des Séditions. Or ainsi qu'en tout mouuement de corps Naturels il faut considerer trois choses, *La Disposition* qu'ils ont au mouuement à venir; *l'Agent* externe à le produire; & *l'Action* de cet Agent : Aussi dans l'Etat en trouble il faut considerer trois choses : En premier lieu *les dogmes* qu'on y enseigne, & les sentimens qu'on y a contraires à la paix, & qui disposent à Sédition ; En second lieu, quelles sont *les Gens* qui sollicitent le peuple, ainsi disposé à faire vn party, qui font prendre les armes ; leuent trouppes, & les commandent ; Et enfin *la Faction* mesme : ie veux dire la façon, & la maniere que cela se fait. Quant aux dogmes de tels gens, le plus dangereux de tous est, *Que le particulier ait droit de conoître du bien & du mal.* Il est vray que dans l'Etat de Nature on a ce droit, puis qu'on y a autant de droits les vns que les autres ; & qu'aucun ne s'est soûmis par pacte à autruy : Et i'ay démontré cela dans l'article neuuiéme du chapitre premier : Mais dans l'Etat Ciuil on n'a pas ce droit. Car i'ay fait voir dans l'art. neuuiéme du chapitre sixiéme, *Que les Loix Ciuiles seules sont les regles & mesures du bien, & du mal, du iu-*

ste,

ſte, & *de l'iniuſte*, *de ce qui eſt honéte*, & *de ce qui ne l'eſt pas*: Et qu'ainſi on doit tenir bon ce que commande le Légiſlateur, & mauuais ce qu'il deffend. Or c'eſt toûjours le Souuerain qui eſt le Légiſlateur; & dans l'Etat Monarchique, c'eſt le Monarque. Auſſi i'ay confirmé cela dans l'article ſixiéme du chậpitre onziéme, par les paroles de Salomon : Car s'il falloit ſuiure comme bon, & fuïr comme mauuais, ce qui ſembleroit tel aux particuliers, que voudroient dire ces paroles, *Vous donnerez à vôtre ſeruiteur un cœur docile, qu'il puiſſe juger vôtre Peuple, & diſcerner entre le bien & le mal?* Puis donc que c'eſt à faire aux Rois de diſcerner entre le bien & le mal : c'eſt tenir vn mauuais diſcours que de dire comme font beaucoup de gens, *Que le Roy eſt celuy qui gouuerne bien & qu'on ne doit point obeir, ſi ce qu'il commande n'eſt iuſte.* Auant l'Etat étably rien n'étoit *iuſte*, rien *iniuſte*, quand ces choſes de leur Nature ont rapport au Commandement ; Que de ſoy toute action eſt indifferente ; & qu'il vient du droit du Souuerain qu'elle ſoit juſte ou jniuſte. Les Rois légitimes donc de ce qu'ils commandent quelque choſe la font *iuſte* ; & de ce qu'ils la deffandent, *injuſte* : Et quant aux particuliers qui veulent que ce ſoit à eux de conoître *du bien* & *du mal*, ils s'erigent en Souuerains : ce qui tend à la ruine de l'Etat. La premiere choſe que Dieu deffandit à l'homme, c'eſt ce qu'on void en ces termes au quinziéme verſſet du chapitre ſecond de la Geneſe, *Garde-toy de manger du fruit de l'arbre de ſcience du bien & du mal :* La premiere ten-

Y

tation du Diable, celle qu'on void au verſſet troiſiéme du chapitre cinquiéme ; *Vous ſerez comme des Dieux ſçachans le bien & le mal* : Et le premier reproche de Dieu à l'homme ; Celuy du verſſet onziéme, *Qui t'a fait conoître ta nudité, ſi tu n'as mangé du fruit deffandu?* Comme s'il diſoit, d'où vient que tu as jugé la nudité des-honnête, où i'ay voulu te créer, Si ce n'eſt que tu t'és attribué toy-meſme de juger de ce qui eſt honéte, & de ce qui ne l'eſt pas?

Sentiment ſeditieux, Que le Sujet peche iamais de ce qu'il obeït au Souuerain.

11. *Le peché eſt ce qu'on fait contre ſa propre conſcience* : Puis que c'eſt mépriſer la Loy : Mais il y faut la diſtinction que voiçy. Vne choſe eſt peché pour moy, laquelle quand ie la fais ie croy que ce ſoit pecher : Mais ie puis faire ſouuent ſans pecher moy-meſme ce que ie crois qui ſoit peché pour autruy. Car ſi c'eſt mon Maiſtre & Seigneur qui me le commande, n'importe qu'il péche ou non, en le faiſant ie ne peche point. Comme ſi l'Etat me commande de faire la guerre ; cette guerre fût-elle injuſte, la creuſſe-je telle ; la faiſant ie ne peche point ; mais plûtôt ie pecherois ſi ie refuſois de le faire ; quád ce ſeroit m'attribuër le droit de conoître *du bien & du mal*, qui n'apartient qu'à l'Etat. Faute de diſtinguer de la ſorte, on tombe dans la neceſſité de pecher ſi la choſe commandée eſt illicite, ou qu'il ſemble qu'elle le ſoit. Car c'eſt contre ſa conſcience ſi l'on obeït : Et contre droit & juſtice ; ſi l'on refuſe d'obeïr. Faire contre ſa conſcience eſt montrer qu'on ne craint pas les peines du Siecle auenir : & qu'on faſſe contre le droit, c'eſt ruiner autant

qu'on peut la Société Ciuile, & la paix d'entre les hommes. Cette doctrine donc, *Que les Sujets péchent en exécutant les Ordres du Souuerain, qu'il leur semble qui ne soient pas justes*, est non-seulement erronée, mais de celles qui détruisent l'obeïssance ciuile; & elle depand de cette erreur originelle que i'ay remarquée dans l'article précedent: car auec ce *iugement particulier* du bien & du mal, nous ne sçaurions obeïr, ny des-obeïr sans peché.

III. Vn troisiéme sentiment pernicieux comme les autres, & venu de mesme tige, est, *Qu'on puisse auec justice tuer le Tyran*. Mesmes on a veu de nos iours quantité de Theologiens, de mesmes qu'aux Siecles passez tels Sophistes que *Platon*, *Aristote*, *Ciceron*, *Seneque*, *Plutarque*, & *autres fauteurs de l'Anarchie Grecque*, & *de la Romaine*, soûtenir le Tyrannicide non seulement loisible, mais mesme digne de loüange. Or ils apellent *Tyrans* non seulement les *Monarques*, mais tous ceux qui dans vn Etat ont l'authorité Souueraine, s'ils ne gouuernent à leur gré: Ainsi *Pisistrate* qui regna *seul* à *Athenes*, n'y fut pas le seul qu'on nomma Tyran: ils apellerent de mesme aprés luy *Trente hommes regnans ensamble*. Mais celuy qu'ils veulent qu'on tuë, a droit de regner, ou non: S'il s'est emparé de l'Etat sans que l'Etat fût à luy, c'est l'*ennemy* de l'Etat: on a donc droit de le tuër: Mais il faut apeller cela *Tuer l'ennemy public*, & non *tuer le Tyran*. Que si le Royaume est à luy: on demandera comme Dieu, *Comment le connois tu Tyran, si tu n'as mangé du fruit deffandu? Et comment nommer Tyran*

CHAPITRE XII.

Sentiment seditieux, Qu'on ait droit de tuër le Tyran.

Y ij

celuy que Dieu a fait Roy, si ce n'est que tout simple particulier que tu es, tu te mêles de conoître du bien & du mal ? Or il est aisé de juger combien vne telle doctrine est pernicieuse à tout l'Etat, mais sur tout au Monarchique : En ce qu'elle liure le Roy, quelque bon Roy qu'il puisse estre, au premier homme scelerat qui aprés s'estre fait *son Iuge*, & le prenant pour *Tyran*, se voudra faire *son Bourreau*.

Sentiment seditieux, Que le Souuerain comme vn autre soit sujet aux Loix Ciuiles.

IV. Le quatriéme Dogme à détruire la Societé Ciuile est, *Que mesmes les Souuerains soyent sujets aux Loix Ciuiles*. J'ay fait voir ce Dogme faux dans l'article quatorziéme du chapitre sixiéme, en ce que *l'Etat ne peut s'obliger à soy-mesme, ny à son sujet*. Il ne le peut à soy-mesme : puis qu'on ne s'oblige qu'à autruy. Et il ne le peut à son sujet : parce que sa volonté contient celle des Sujets; qu'ils veulent tout ce qu'il veut; & qu'ainsi dés-là qu'il luy plaist d'estre liberé, il l'est; au moyen dequoy il est *libre* : Maintenant ce qui est vray de l'Etat, l'est aussi du Souuerain, soit Monarque ou Conseil de République : Puis qu'à vray dire ce sont eux l'Etat, qui ne seroit point sans la puissance Souueraine. D'ailleurs qu'vn tel Dogme que cela soit contre la nature & l'essence de l'Etat : C'est que posé qu'il fût vray, le simple particulier auroit tout droit de conoître de ce qui seroit *iuste* ou *injuste* ; ie veux dire qu'il regleroit & definiroit quelles choses seroient selon, & quelles contre les Loix : Quand donc on viendroit à juger que la chose commandée fût contre la Loy Ciuile, on refuseroit d'obeïr : mais qu'on refusast d'obeïr

DE LA POLITIQVE. 173

CHAPITRE XII.

sans pouuoir y estre contraint, il n'y auroit plus de puissance coactiue: Il n'y auroit donc plus d'Etat, quand c'est en cela que consiste sa Nature. Cependant vne telle erreur, si grande, & toute visible a pour arc-boutans de telles gens qu'*Aristote*, & autres grands Chefs de Secte; lesquels, attandu, disent-ils, la fragilité de l'homme, ne sçauroient donner qu'aux Loix seules, impossibles à corrompre, l'authorité Souueraine. Mais c'est bien peu considerer la Nature de l'Etat, que de croire qu'on peût laisser à des Loix, *Le droit de s'interpreter elles mesme, le droit de faire des Loix, & la puissance à contraindre*: Car tout cela est necessaire à l'Etat. Or encore qu'assez souuent le simple particulier puisse agir contre l'Etat, ie veux dire le plaider, & defandre en jugement sa cause par bonnes Loix: il ne s'agit pas alors de ce que l'Etat peut de Droit, mais de ce qu'il a voulu par quelque loy précedente. Comme quand il s'agit de la vie: la question n'est pas si l'Etat peut l'ôter à son sujet de Droit absolu; mais s'il l'a voulu de la sorte par certaine Loy: Et il l'a voulu, si le sujet a violé cette Loy: sinon, il ne l'a pas voulu. Ce donc que le sujet peut intenter action contre l'Etat, & le plaider, ne preuue pas que l'Etat soit tenu à ses propres Loix; au contraire on void que cela n'est pas, en ce que nul ne sçauroit estre son propre obligé. Les Loix donc sont *pour Titus & pour Cajus*, ou comme ils disent encor, *pour Pierre & Paul*, non pour l'Etat: quoy que les gens-de-Palais ayent tant fait par ambition, *Qu'il samble à beaucoup d'ignorans que*

Y iij

CHAPITRE
XII.
Sentiment seditieux, qu'on puisse partager l'authorité Souueraine.

les Loix ne dépendent pas de l'authorité de l'Etat, mais de leur Iurisprudence.

v. Vn autre Dogme absolûment pernicieux à l'Etat, que ie compte le cinquiéme, est, *Que l'authorité Souueraine se puisse partager.* Or ils la diuisent les vns d'vne façon, les autres d'vne autre. Car il y en a qui veulent que l'authorité Souueraine, pour ce qui est de faire viure les sujets en paix entre eux, & quant aux commoditez *de cette vie présente,* apartiene de Droit à la Puissance Ciuile. Mais que pour ce qui est *du salut de l'Ame,* & des choses necessaires pour estre receu au Royaume des Cieux, ce soit à d'autres qu'on doiue obeir. Comme donc il faut necessairement que pour faire son salut on garde la justice en toutes choses: Il arriue que les sujets de l'Etat, de ce qu'ils ne mesurent pas comme ils deuroient la justice par les Loix Ciuiles, mais par les Commandemens & la Doctrine de gens lesquels à l'esgard de l'Etat sont ou simples particuliers ou Etrangers, refusent par vne crainte superstitieuse l'obeïssance qu'ils doiuent à leur Souuerain legitime; Et ainsi de crainte de pecher, pechent en effet. Et que peut il y auoit de pernicieux à l'Etat comme cela: *Qu'en épouuantant les hommes par menaces de supplices éternels, on les empesche d'obeyr à leurs Souuerains legitimes, c'est à dire d'obeyr aux Loix, & c'est à dire d'estre justes?* D'autres vienent partager l'authorité Souueraine encore d'vne autre façon: car ils donnent à vn homme seul & vnique qu'ils apellent le *Monarque,* tout pouuoir & authorité de faire à son gré *la*

DE LA POLITIQVE. 175

paix & la guerre : mais à d'autres gens que luy, *la direction des Finances.* Comme donc les Finaces sont les *Nerfs* de la Guerre ou de la Paix, qui fait cette diuision n'en fait point du tout : car en donnant la direction des Finances on donne par mesme moyen l'authorité Souueraine, dont on ne laisse que le titre, & vn vain nom à ce Monarque : ou si l'on partage en effet, on détruit l'Etat : quand on ne sçauroit sans argent ny tenir ses sujets en paix, ny faire la guerre.

CHAPITRE XII.

VI. On enseigne communément, *Que la Foy & la Sainteté ne s'acquerent point par étude, & par raison naturelle, mais sont toûjours surnaturellement infuses & inspirées.* Que si cela estoit vray, ie ne voy point de raison qu'on nous fit rendre compte de nôtre Foy : ni comment tout vray Crétien ne seroit pas aussi Prophéte : ou pourquoy chacun de nous ne jugeroit pas plûtôt sur sa propre inspiration, que sur les Commandemens du Souuerain de l'Etat, & par la droite raison, des choses à faire ou obmettre. Mais à ce compte on reuiendroit au Droit particulier de conoître du bien & du mal : ce qui ne se peut sans la ruine de l'Etat. Cette opinion s'est tellement répanduë dans toute la Chrétienté, qu'vne infinité de gens s'y sont rendus Apostats de la lumiere naturelle, & de la droite raison. Et elle vient de quelques écerueles, lesquels aprés s'estre fait vne rapsodie de Textes & passages de l'Ecriture Sainte, vous les ajustent de maniere dans leurs Predications, qu'encore que leurs discours ne veuille rien dire, les idiots ne laissent pas de le croire tout Diuin. Or dés-

Sentiment séditieux, qu'on ne puisse acquerir la Foy & la Sainteté en s'y appliquant, & par raison : mais seulemēt par infusion, & inspiration surnaturelle.

là qu'vn homme parle qu'on n'y comprend rien; & qu'auec cela ce qu'il dit semble tout Diuin; on le prend necessairement pour vn homme inspiré de Dieu.

Sentiment seditieux, Que le sujet soit Seigneur & Maistre absolu de ses biens.

VII. Le setiéme Dogme contraire à l'Etat est, *Que le sujet ait le Domaine absolu de ce qu'il possede: ie veux dire vn tel droit de proprieté, qu'il y viene à exclure tout autre droit, non-seulement des simples particuliers, mais mesmes de l'Etat:* Ce qui n'est pas vray. Car de ce qu'on a *vn Maistre & Seigneur*, on n'a plus de droit de *Domaine & de Seigneurie*, ainsi que i'ay demontré dans l'article cinquiéme du chapitre huitiéme. Or l'Etat par son establissement est Maistre & Seigneur de tous ses Sujets. Auant qu'on n'eût suby le joug de sujet on n'auoit aucun droit de proprieté; toutes choses estoient en commun; Dites-moy donc d'où vous vient ce droit que de l'Etat? Mais d'où vint-il à l'Etat, que de ce qu'vn chacun de nous luy transporta tout son droit? Vous luy auiez donc transporté tout vôtre droit: Et c'est pourquoy vous n'auez de Domaine & proprieté qu'autant qu'il veut, & pour le temps qu'il luy plaît. C'est comme dans la famille, que le fils de famille n'a à soy en propre que ce qu'il plaît à son pere, & pour le temps qu'il luy plaît. Mais la plus-part des gens qui font les habiles en matiere de Politiques raisonnent tout autrement. *Nous sommes*, disent-ils, *naturellement tous égaux: Il n'y a donc point de raison qu'on nous viene ôter le nôtre, plûtôt que nous le bien d'autruy. Nous n'ignorons pas que pour la deffanse* fance publique il ne faille quelquefois de l'argent: mais que ceux qui l'exigent nous faſſent voir ce qu'il faudra, & nous le donnerons volontiers. Ceux qui parlent de la ſorte ne ſongent pas que ce qu'ils voudroient qu'on fiſt, l'a eſté dés le commancement, par l'établiſſement de l'Etat. Ils parlent donc comme on feroit dans vne Multitude deſunie, auant l'Etat étably: & par ce moyen ils vienent à le des-vnir, c'eſt à dire à le détruire.

VIII. Enfin vne choſe contraire au gouuernement, & ſur tout au Monarchique, eſt, qu'on ne mette pas la diſtinction qu'il faudroit entre *le Peuple*, & la *Multitude*. Le peuple eſt quelque choſe d'vn, ayant ſa volonté vne, & auquel on peut attribuër vnité d'action: rien de tout cela n'eſt vray de la Multitude. Le peuple *Regne* en tout Etat, & meſme dans la Monarchie: car c'eſt luy qui veut par la volonté du Monarque: Et il n'y a de Multitude que de ſimples particuliers, c'eſt à dire de *Sujets*. En toute Democratie, & dans l'Ariſtocratie, les Sujets ſont la Multitude; *le Conſeil d'Etat eſt le peuple*; Et dans la Monarchie où les Sujets ſont auſſi la Multitude, quoy que ce ſoit vn paradoxe *le Roy eſt le peuple*. Le commun des hommes, & d'autres encor faute de prendre garde à cela, parlent d'vn grand nombre de gens comme ſi c'eſtoit le peuple, & l'Etat; & vous diront que l'Etat s'eſt réuolté contre le Roy; (ce qui ne ſe peut;) Et que le peuple veut, ou ne veut pas ce que veulent ou ne veulent pas les Mutins, & Mécontans, qui ſous pretexte du bien public animent

CHAPITRE XII.

Cela diſpoſe à ſedition qu'on ne ſçache point la difference de la Multitude & du Peuple.

Z

CHAPITRE XII.

les Sujets contre l'Etat, c'est à dire la Multitude contre le peuple. Et voilà les opinions & sentimens seditieux, desquels les sujets imbus, sont tout prests à se soûleuer. Que s'il est vray qu'en tout Etat on doit garder *inuiolable la Majesté* de qui gouuerne: *Tous ces Dogmes, comme on void, sont autant de crimes d'Etat, & de Leze-Majesté.*

Qu'on se sente trop chargé d'imposts.

IX. Rien au monde n'afflige tant, & n'abat le cœur que *la pauureté*, ie veux dire la disette, & l'indigence de ce qu'il faudroit pour viure selon sa condition: Mais quoy que personne n'ignore qu'on acquert le bien par son industrie, & qu'on le conserue en épargnant: Toutefois quand on est mal dans ses affaires par débauches, & par sa propre faute, on l'impute au gouuernement de l'Etat, comme si c'estoit par les Tailles & les Imposts qu'on se vît épuisé d'argent. Mais on doit considerer que non-seulement il faut trauailler pour viure, quand on n'a pas de patrimoine, mais aussi combattre pour trauailler. Les Iuifs qui bâtissoient du temps d'Esdras les murs de Ierusalem tout en trauaillant *d'vne main*, tenoient vne épée *de l'autre*. En tout Etat, on doit penser que c'est le Prince Souuerain, ie veux dire *le Roy* dans la Monarchie, & le *Conseil d'Etat* dans la République, cette *Main* qui tient l'épée: Que les Sujets ne doiuent pas moins la nourrir de leur industrie, que celle auec quoy ils se bâtissent chacun sa propre fortune: Que les Tailles & autres Imposts ne sont rien que le salaire des gens qui veillent sous les armes, pour nous garantir des courses de l'Etran-

DE LA POLITIQVE. 179

ger, & nous donner tout loisir de trauailler de nos métiers : Et que se plaindre d'estre pauure pour les grands Impôsts, est se plaindre de l'estre pour auoir payé ses debtes. Cependant la plus part des gens ne pensent pas à cela : Et il leur arriue comme dans la maladie qu'on appelle *Incube*, que pour s'estre trop soûlé, on croit quelqu'vn couché sur soy, qui de son grand poids opprime & suffoque. Enfin, il est tout éuident, que qui se croit trop gréué, comme s'il supportoit seul toutes les charges de l'Etat, est enclin à sedition ; & que ne se trouuant pas bien des choses comme elles sont, il demande choses nouuelles.

x. Vne autre maladie d'esprit fort dangereuse à l'Etat est celle des gens de loisir, qui n'ont point de charge ou Office. Tout homme naturellement voudroit se faire conoître, & se voir s'il se pouuoit en honneur & dignité : Mais ceux-là plus que tous autres, qui n'en sont pas détournés par le soin de gagner leur vie. Car se trouuans de loisir, & n'ayant rien plus à faire, ils se mettent premierement à discourir d'affaires d'Etat ; & lisent Historiens, Orateurs, & liures de Politique. Puis quand ils ont bien leu, & bien discouru, ils se croyent sçauans & habiles à auoir les plus grands emplois. Cependant comme on n'est pas toûjours tout ce qu'on se croit : & que le fussent-ils tous, il n'y auroit pas assez de charges pour tout le grand nombre qu'ils sont : il faut necessairemét qu'il en reste beaucoup à pouruoir. Ceux-là donc s'imaginans qu'on leur a fait tort, ne souhaitent rien tant,

CHAPITRE XII.

Qu'on ait trop d'ambition.

Z ij

soit par enuie contre les plus heureux, ou par esperançe de se tirer de la foule, que de voir qu'on gouuerne mal : Ils veulent donc l'Etat en trouble ; Et ainsi ils ne perdent point d'occasion de brouiller.

Et qu'on espere d'y reüssir.

XI. C'est encore vne passion à rendre seditieux, *Qu'on espere d'y reüssir.* En effet, Qu'on soit imbu tant qu'on voudra de Dogmes, & de sentimens contraires au repos public, & contre le gouuernement : qu'on ait receu de grands griefs de gens en authorité : si l'on n'espere de vaincre, ou qu'il y ait grande apparence, on ne fera iamais de sedition, chacun dissimulera ; & souffrira plûtôt le mal que le pis. Or il faut quatre choses pour cette esperançe : *Le Nombre ; les Instrumens ; la Confiançe réciproque, le Chef de party.* Qu'on resistât aux Magistrats à moins que d'estre *en grand nombre*, ce ne seroit pas sedition, mais des-espoir : Puis quand ie dis *les Instrumens*, c'est des armes que ie parle, & des conuois de guerre & de bouche : sans cela le nombre ne sert de rien ; ny les armes *sans la confiançe mutuelle*, ny toutes ces choses ensamble, sans *l'Vnion* sous vn Chef. Il faut donc cette vnion : & ils obeïssent volontiers à ce Chef, parce qu'ils le croyent vaillant & grand Capitaine, & le voyent dans les mesmes interests : Car à cela prés ils ne luy obeïroient pas comme s'y croyans obligés, pour s'estre sousmis à luy, eux que i'ay supposé dans ce Chapitre, qui ne font état de s'obliger qu'autant qu'ils auiseront, & jugeront expedient. Les gens mal intentionnez, & qui n'ont pour toute mesure du droit ou de l'injustice de leurs

DE LA POLITIQVE 181

actions que leur propre jugement, des qu'ils ont ces quatre choses, n'attendent pour se souleuer que quelqu'vn qui les y pousse.

XII. Le caractere de *Catilina*, le plus grand seditieux qui fut jamais, tel qu'on le void dans *Salluste*, est, *Qu'il ne manquoit point d'eloquence: mais auoit peu de Sagesse*. L'Historien separe la Sagesse de l'Eloquence, jugeant celle-cy necessaire à l'homme qui veut brouïller; & qu'il ne sçauroit auoir l'autre quand elle porte à la paix. Or il y a de deux sortes d'Eloquence: l'vne *à s'expliquer nettement*, & faire entandre à autruy ce qu'on a dans la pensée: à quoy il faut en premier lieu qu'on ait veu les choses à fond, clairement, & distinctement; Et en second lieu, qu'on s'y serue des termes propres dans leur vraye acception. L'autre *émeut les Passions*, comme l'Esperance, la Crainte, la Colere, la Misericorde; & vient de ce qu'on vse de Métaphore, & qu'on fait venir ses paroles à ses sentimens. L'vne fait *de vrais principes* le tissu de son discours; l'autre *d'Opinions déja receuës*, quelles que ce soit: l'vne a pour Art *la Logique*; l'autre *la Rhetorique*: l'vne pour fin *la verité*; l'autre *la victoire*: Et elles seruent toutes deux, la premiere *à déliberer*, la seconde *à Harenguer*: Car la premiere n'est *iamais* sans sagesse, & l'autre l'est *presque toûjours*. Or que cette Eloquence vigoureuse sans sagesse, ie veux dire qu'on ait jointe à l'ignorance des choses, soit le vray caractere du mutin, à faire seditions, il ne faut que voir ce qu'il entreprend. Car comment abreuer le peuple d'opinons si absur-

L'Eloquence sans Sagesse émeut à sedition.

CHAPITRE XII.

Z iij

CHAPITRE XII.

des, si contraires au repos & au bien public, si l'on ne les tenoit soy-mesme? Et en cela on montre tant d'ignorance, que c'est bien loin d'estre Sage. Apres tout, pourroit-on dire, Qu'il y eût un brin de Sagesse à ne sçauoir pas seulement d'où vient la force des Loix; quelles sont les Regles & les mesures du droit & de l'iniustice, de l'honeste & du des-honete, du bien & du mal; qu'est-ce qui cause & qui conserue la paix, & quoy ce qui la détruit; qu'est ce qu'on peut apeller sien, & quoy bien d'autruy; En un mot ce que nous voudrions qu'on nous fit pour en faire autant aux autres? Or ce que tel homme mutin rend ses Auditeurs furieux, d'étourdis qu'il les auoit : ce qu'il peut faire que qui est bien se croye mal, & qui est mal se croye pis : Ce qu'il fait croistre l'esperance, & amoindrit le peril outre raison : Tout cela luy vient d'Eloquence; Ie ne dis pas de cette *Eloquence Sage*, qui fait voir les choses comme elles sont; mais de cette autre *sans sagesse*, à émouuoir les passions, & faire paroistre les choses telles qu'on les aura conceuës auparauant d'vn esprit passionné.

Comment la sottise du peuple & l'Eloquence des ambitieux causent ensemble la ruine de l'Etat.

XIII. Beaucoup de gens mesmes bien intentionnez aident aussi par ignorance à disposer l'esprit des Sujets à sedition, *En ce qu'ils enseignent à la jeunesse dans les Escoles, & prêchent en chaire à tout le peuple une doctrine conforme à ces opinions seditieuses que i'ay dit.* Quant à ceux qui veulent reduire en Acte cette disposition, ils cherchent en premier lieu tous moyens de rassambler en vne seule *faction*, les mal-intentionnez, qu'ils conspirent auec eux ; puis à se rendre *puissans* dans la faction déja faite. Ils les reduisent en vne seule faction, en se rendant les entre-metteurs & les interpretes des desseins & des actions d'vn chacun; Indisant le temps & le lieu de l'Assamblée; & nommant les gens qui s'y trouueront, pour deliberer des moyens de reformer l'Etat, ainsi qu'on verra necessaire. Et pour s'y rendre Maistres ils y font vne autre *Cabale*. Ils s'assamblent donc en particulier auec vn petit nombre de gens affidez, à regler quelles choses proposer dans l'Assamblée generale ; qui parlera le premier, qui deura parler en suitte; ce qu'il faudra que chacun die, & par quels moyens ils tireront dans leur aduis ceux qu'ils voyent les plus puissans, & le plus en credit dans le party. Quand donc la faction leur semble assez grande, qu'ils s'en sont rendus maistres par telles voyes, & croyent en disposer par leur Eloquence, ils commancent à gouuerner, & faire les Souuerains : & alors si leur faction est la seule dans l'Etat, Voilà l'Etat opprimé : sinon, ils le dechirent par guerres ciuiles. Aprés tout *la Sottise & l'Eloquence* concourent ensemble, & s'acordent à la ruine de l'Etat, ainsi qu'on void dans la Fable, que *les filles de Pélias*, Roy de Thessalie, conspirerent auec *Medée* contre luy. Les sottes filles vouloient faire rajeunir le pauure vieillard decrepite : Et la mechante femme leur ayant conseillé de le mettre en pieces bouïllir sur le feu, elles le firent, s'attandans qu'il resuscitât : Et de mesme *le menu peuple* s'estant mis premierement en phantaifie par fottife telle que des *filles de Pélias*, de renouueller l'Etat, & voir toutes chofes nouuelles, fe laiffent pouffer en fuitte par *l'Eloquençe* de quelques gens ambitieux, comme par les fortileges de *Medée*, à le dechirer en factions: Et quand tout y eft en feu, ils s'aperçoiuent trop tard qu'on détruit l'Etat, plûtôt que de le reformer.

CHAPITRE XIII.

LES ELEMENS DE LA POLITIQVE.

CHAPITRE TREZIESME.

Du deuoir des Souuerains.

I. *Le droit de Souuerain distingué de l'exercice de ce Droit.* II. Le falut du peuple est la Souueraine Loy. III. *Le Souuerain n'est pas tenu de pouruoir au bien du particulier, mais seulement au bien public.* IV. *Qui dit le salut du peuple dit toutes ses nécessités.* V. *A sçauoir si le Souuerain est tenu de pouruoir au salut de l'ame de ses Sujets, en la meilleure façon qu'il juge en conscience.* VI. *En quoy consiste le salut du peuple.* VII. *Qu'on a besoin d'espions pour la deffance du public.* VIII. *Que mesmes en temps de paix, il faut pour cela* des trouppes, des armes, des places fortes, & de l'argent prét. IX. *Qu'aussi pour garder la paix, les Sujets doiuent estre* instruits de leurs deuoirs & offices dans la Societé Ciuile. X. *Qu'il est bon pour garder la paix* d'égaler les charges publiques. XI. *L'equité naturelle veut qu'on ne taxe point le Sujet à raison de ce qu'il possede, mais seulement de sa despense.* XII. *Il est bon pour garder la paix* de tenir bas l'ambitieux. XIII. *Et dissiper les factions.* XIV. *Il est bon pour enrichir ses Sujets de faire des*

A a

CHAPITRE XIII. Loix en faueur des métiers, *comme auſſi des Loix* ſomptuaires *contre le luxe, & la deſpenſe.* XV. *Qu'il ne faut de Loix que des choſes néceſſaires au bien public & des particuliers.* XVI. *Qu'on ne doit punir le coupable* que de la peine *que porte la Loy.* XVII. Qu'il faut rendre juſtice aux Sujets contre les Iuges corrompus.

Le droit de Souuerain diſtingué de l'exercice de ce Droit.

I. ON void bien par les choſes que i'ay dites quels ſont les deuoirs & Offices des Sujets en chaque eſpeçe d'Etat, & ce que les Souuerains y peuuent ſur eux: Mais ie n'ay pas dit encore quels ſont les deuoirs & Offices de ceux qui commandent, & comment ils doiuent agir enuers leurs Sujets. Or il faut diſtinguer entre *le droit*, & *l'exercice* de l'authorité Souueraine: car ils peuuent eſtre ſeparez, ſoit que celuy qui a ce droit ne puiſſe aſſiſter aux affaires & aux deliberations, ou qu'il ne le veuille pas. En effet les Rois bien ſouuent ne ſçauroient pour l'âge où ils ſont, vacquer eux-meſmes aux affaires: Et ſouuent auſſi quoy qu'ils le peuſſent, ils jugent plus à propos de s'en repoſer ſur des Conſeillers & Miniſtres, qu'ils ont choiſis pour cela. Quand le droit de Souuerain ſe trouue ſeparé de l'exercice de ce droit, le gouuernement de l'Etat ſe trouue ſemblable au gouuernement ordinaire du Monde, auec lequel *Dieu*, qui eſt le premier moteur, produit les effets naturels par l'ordre des cauſes ſecondes. Et quand le Souuerain luy-meſme qui a le Droit de regner, veut bien aſſiſter en perſonne à tous jugemens, à toutes deliberations, & aux actions publi-

DE LA POLITIQVE.   187

ques : l'administration est telle que seroit celle de Dieu, s'il s'appliquoit luy-mesme outre l'ordre de la Nature immédiatement à la matiére. Ie parleray donc en ce chapitre en gros, & en peu de mots, des offices & deuoirs de ceux qui ont en exercice la puissance Souueraine, soit à eux en propre ou d'autruy: Car ie n'ay pas entrepris de descendre au détail des choses que les Souuerains peuuent faire en chaque Etat, les vns d'vne façon, les autres d'vne autre: quand ce sont choses de pratique, qu'il faut laisser à qui gouuerne en effet.

11. Les Offices & deuoirs des Souuerains sont tous contenus en ce mot. *Le salut du Peuple est la Souueraine Loy.* Car bien qu'à proprement parler ceux qui ont l'authorité Souueraine parmy les hommes ne puissent estre sujets aux Loix ; ie veux dire à la volonté des hommes ; puis qu'étre *Souuerain*, d'autruy, & estre *Sujet* à autruy sont choses contradictoires : Il est pourtant de leur deuoir d'obeïr en toutes choses autant qu'il se peut *à la droite raison, qui est la loy de Nature, Diuine & Morale.* Or puis qu'on a étably les Etats pour viure en *Paix*, & qu'on a cherché de viure en paix pour *se conseruer* sain & sauue : si le Souuerain de l'Etat vsoit autrement de l'authorité Souueraine, que pour le salut du peuple, il feroit contre les raisons de *paix*, c'est à dire contre la *loy de Nature*. Or comme le salut du peuple dicte la Loy par laquelle les Princes conoissent leur *Office* : Elle leur enseigne aussi l'Art d'en tirer du *Bénéfice* : Car la puissance des Sujets est la puissance

CHAPITRE XIII.

Le salut du peuple est la souueraine Loy.

Aa ij

de l'Etat, c'eſt à dire du Souuerain.

CHAPITRE XIII.
Le Souuerain n'eſt pas tenu de pouruoir au bien particulier, mais ſeulement au bien public.

III. Quand ie dis *le peuple*, ie ne veux pas dire *l'Etat*, & cette perſonne Ciuile qui gouuerne: mais la multitude des Sujets qui ſont regis. Car l'Etat n'eſt pas inſtitüé pour ſoy-meſme, mais pour ſes ſujets. Et toutefois il n'eſt pas tenu d'auoir égard à celuy-cy, ou à celuy-là: Car le Souuerain comme tel ne pouruoit au ſalut de ſes Sujets, que par ſes Loix, qui parlent en général; Et ainſi il a ſatisfait à ſon deuoir s'il a pourueu de tout ſon pouuoir par bonnes Conſtitutions & Ordonnances, Qu'on ſoit à ſon aiſe pour la plus-part, & le plus long-temps qu'il ſera poſſible; & que mal n'arriue à perſonne que par ſa faute, ou par accident impreueu, auquel il ait eſté impoſſible de pouruoir. Or il eſt ſouuent expedient pour le ſalut de pluſieurs, *Que mal-arriue à qui n'eſt pas homme de bien.*

Qui dit le ſalut du peuple, dit toutes ſes neceſſités.

IV. Puis quand ie dis *le Salut*, ie n'entans pas ſeulement *la vie ſauue*, mais *la vie heureuſe* autant qu'il ſe peut. Car les hómes ſe ſont Aſſemblez dans les Etats par Inſtitution pour y auoir la vie douce, autant que permet la condition de l'hóme. Ceux donc qui ſe ſont chargez d'adminiſtrer l'authorité Souueraine dans ce genre d'Etat, feroient contre la Loy de Nature, puis que ce ſeroit contre la *Créance*, qu'on a priſe en eux, en leur déférant cette authorité, s'ils ne s'étudioient de faire autant qu'il ſe peut par les Loix, que leurs ſujets euſſent en abondance les choſes néceſſaires, non-ſeulement *à viure*, mais *à bien viure*. Quant aux conquérans qui ſe ſont ac-

DE LA POLITIQVE. 189

quis l'Etat à la pointe de l'épée, ils ont interest d'auoir leurs Sujets vigoureux de corps & d'esprit: qu'ils puissent les mieux seruir. Ce seroit donc contre leur propre interest, & leurs fins particuliéres, s'ils ne leur procuroient de tout leur pouuoir, non seulement ce qu'il faut pour *viure*, mais ce qui *rend fort* & robuste.

CHAPITRE XLII.

v. Et premierement tous les Princes croyent, *Qu'il importe sur toutes choses pour le Salut Eternel, des sentimens qu'on a de Dieu, & du Culte qu'on luy rend.* Or cela posé on peut demander si les Souuerains, ou qui exerce leur authorité, ne pechent point contre la loy de Nature; s'ils ne font enseigner à leurs Sujets la doctrine, & s'ils ne leur font rendre le Culte qu'ils jugent nécessaires pour le Salut: ou qu'ils tolerent le contraire. Il est éuident qu'ils font en cela contre leur propre conscience; & veulent autant qu'il est en eux la damnation éternelle de leurs Sujets. Car s'ils ne le vouloient pas: comment se pourroit-il qu'étans Souuerains, & n'ayans personne à les contraindre, ils permissent qu'on enseignât à leurs Sujets; & qu'ils leur laissassent faire des choses, pour lesquelles ils croyent qu'on mérite d'estre damné? Mais ie laisse là cette difficulté sans la décider.

A sçauoir si le Souuerain est tenu de pouruoir au salut de l'ame de ses Sujets en la meilleure façon qu'il juge en conscience.

v i. On peut distribuër en quatre genres les commoditez des Sujets qui ne regardent que cette vie. 1. Qu'ils soient défandus contre l'Estranger. 2. Qu'ils viuent en paix entre eux: 3. Qu'ils s'enrichissent autant qu'il se peut sans donner jalousie au Souuerain: 4. Qu'ils

En quoy consiste le Salut du Peuple.

Aa iij

CHAPITRE XIII.

iouïssent d'vne innocente liberté. Car les Souuerains ne peuuent contribuër de leur part à la felicité publique, qu'en garantiffant leurs Sujets de toute guerre Etrangere & Ciuile: au moyen dequoy ils puiffent iouïr des biens qu'ils auront acquis par leur induſtrie.

Qu'on a beſoin d'eſpions pour la deffençe du public.

VII. Deux choſes font neceſſaires pour *la deffenſe* du peuple, eſtre *aduerty* par auance & *muny.* Car les Etats & Empires font entre eux dans l'Etat de Nature, c'eſt à dire d'ennemy: & qu'ils ceſſent de combattre, ils ne font pas en paix pour cela, ils ne font que prendre haleine. Dans ce temps donc on obſerue la demarche & la contenançe de l'ennemy: & cherchant fes ſeuretés, ce n'eſt point ſur les Pactes qu'on a faits auecque luy, mais par les forces qu'on luy void, & les deſſeins qu'il peut auoir. Meſme tout cela ſe fait par droit de Nature: Car i'ay demonſtré dans l'article dixiéme du chapitre ſecond, *Que dans l'Etat de Nature les pactes font inualides dés qu'il y a iuſte ſujet de ſe défier.* Il faut donc néceſſairement pour la deffançe de l'Etat qu'on ait des gens à penetrer dans les deſſeins de qui peut nuire, & obſeruer ſes demarches. Auſſi les eſpions font au Souuerain ce que *les Rayons de lumiere* font à l'ame: & nous pouuons mieux dire de la viſion Politique que de la Nature, Que les eſpeçes ſenſibles, & intelligibles des choſes de dehors, y font portées par l'air à l'ame, ie veux dire au Souuerain & aux Miniſtres d'Etat, ſans qu'autre s'en aperçoiue: & c'eſt pourquoy ils ne font pas moins neceſſaires

DE LA POLITIQVE. 191

pour le bien public, que les rayons de lumiere pour la conferuation de l'homme : Ou si on les compare à ces *toiles d'Araignée* qui s'étandent de toutes parts en filets fort déliés, & leur donnent à conoître jusques dans leurs petits trous tous les mouuemens du dehors : le Souuerain ne peut sçauoir sans espions, qu'est-ce qu'il faut qu'il commande pour la deffance de ses Sujets, non plus que l'araignée sans filets s'il faut sortir, & vers où.

CHAPITRE XIII.

VIII. Puis pour la deffance du peuple il faut nécessairement qu'on soit *muny* par auance. Ce que i'apelle estre muny est *auoir des Soldats, des armes, vaisseaux, des places fortes, de l'argent prest*, auant qu'on en soit pressé: Car de leuer troupes & chercher armes apres auoir été batu ; si cela n'est impossible, au moins c'est trop tard : Et de mesme fortifier ses places, & y mettre garnison aprés les courses de l'Ennemy; c'est comme disoit *Demosthene* qu'on void faire aux mal adroits *de parer aprés le coup*. Quant à ceux qui s'imaginent qu'on soit à temps de leuer argent, & pouruoir aux conuois à faire subsister ses troupes, pouruu seulement que ce soit dés qu'on aperçoit le peril, ils ne considerent pas combien il est difficile d'arracher tout à coup de si grandes sommes de la bourse de gens auares. Car les hommes pour la plus part tienent si bien à eux en propre ce qu'vne fois ils ont compté qui fût à eux: qu'ils tienent aussi à injure, qu'on les contraigne d'en donner pour peu que ce soit, pour les despenses publiques : & pour ce qui vient des entrées à l'Epargne, asseurément

Que mesmes en temps de paix il faut pour cela des troupes, des armes, des places fortes & de l'argent prest.

LES ELEMENS

CHAPITRE XIII.

il ne suffit pas à se mettre en deffançe tout à coup. On ne sçauroit donc pouruoir au salut & à la deffançe de l'Etat, si on ne leue *en temps de paix* de l'argent pour faire la guerre. Puis donc qu'il est nécessaire au Souuerain pour le salut des Sujets de découurir les desseins de l'Ennemy; d'auoir sa frontiere en armes, & de l'argent prest : Et que le Souuerain est tenu par la loy de Nature de procurer de tout son pouuoir le salut de ses Sujets : Il suit que non-seulement il luy est loisible d'auoir des Espions, d'entretenir des soldats, de se fortifier, & de leuer argent pour cela : Mais mesmes qu'il ne luy est pas loisible de ne le pas faire. A quoy on peut ajoûter tout ce dont il jugera pouuoir affoiblir (soit par force ou par adresse) l'Etranger qu'il a lieu de craindre : Car les Souuerains sont obligez d'empescher de tout leur pouuoir que le mal qu'ils craignent n'arriue.

Qu'aussi pour garder la paix les Suiets doiuent estre instruits de leurs deuoirs & offices dans la Societé Ciuile.

IX. Mais pour conseruer la paix au dedans il faut plusieurs choses : car plusieurs choses concourent à l'y troubler : comme i'ay fait voir au chapitre precedent. I'y ay fait voir qu'il y a des choses qui disposent à sedition, & d'autres qui y poussent quand on n'y est disposé. Parmy celles qui disposent i'ay compté en premier lieu *quelques mauuaises doctrines* : Il est donc du deuoir des Souuerains & de leurs Ministres de les arracher de l'esprit des Sujets, & d'y insinuër les contraires. Mais parce qu'on n'insinuë pas les opinions *en commandant*, mais *en enseignant* : ny par la *Terreur* des peines ; mais par *l'euidençe* des raisons : pour obuier à ce mal, il faut établir des Loix ; & que ce ne

soit

DE LA POLITIQVE. 193

soit pas contre ceux qui errent, mais contre les erreurs. Ces erreurs que i'ay dit au chapitre précédent qui sont contraires au repos public ont coulé dans l'esprit des gens grossiers en partie pour les auoir oüy prêcher dans les Eglises, en partie des discours familiers d'autres gens, qui faute d'employ vaquent à l'estude ; & dans l'esprit de ceux-cy, qu'ils les ont aprises dans leur bas âge aux Escoles, dans les Vniuersités. Pour introduire donc à son tour vne bonne & saine Doctrine, *il faut commencer par les Vniuersités.* C'est là qu'il faut jetter dans l'esprit de la jeunesse les bonnes semences, les vrais principes & bien démontrés de la Doctrine Ciuile ; dequoy estant imbus, ils puissent aprés cela en instruire le peuple en particulier & en public. Or ils le feront auec d'autant plus de joye & d'effet, qu'ils seront plus assurés de la verité des choses qu'ils enseigneront & prêcheront. Car puis qu'aujourd'huy nous voyons certaines propositions generalement receuës à force de les ouïr dire, quoy que fausses, & qui n'ont pas plus de sens que celles qu'on feroit de quelques mots *tirez au sort* : à combien plus forte raison se laisseroit-on abreuer par coûtume de doctrines vrayes, conformes à la raison & à la Nature des choses ? Ie croy donc du deuoir du Souuerain, *Qu'il fasse mettre par escrit les Elemens de la vraye Doctrine Ciuile ; & commande qu'on les enseigne dans toutes ses Vniuersités.*

CHAPITRE XIII.

x. I'ay fait voir en second lieu que le mal de cœur pour *la pauureté* où l'on se void, dispose à se- *Qu'il est bon pour garder la*

B b

CHAPITRE XIII.
paix d'égaler les Charges publiques.

dition ; & que les gens en cet eftat, au lieu de confiderer que leur pauureté leur vient par leur propre faute, & de leurs débauches, ne manquent pas de l'imputer au mauuais gouuernement de l'Etat: comme fi c'eftoient les Charges & Impofts qui les euffent épuiffez & opprimés. Il peut arriuer neanmoins que cette plainte foit iufte : & c'eft à fçauoir quand les Charges de l'Etat ne font pas bien égalées fur tous les Sujets. Car ce qui n'eft qu'vn fardeau leger pour tous enfemble, deuient lourd & infuportable fi plufieurs fe retirent de deffous. Et ce n'eft pas tant le fardeau que cette inégalité qu'on a peine à fupporter : Car on fait à l'enuy les vns des autres à qui s'en fera exempter ; & dans ce combat, les moins heureux comme vaincus portent enuie aux plus heureux. Pour ôter donc tout iufte fujet de plainte, il importe *pour le repos Public*, & par confequent il eft *du deuoir des Souuerains, Que les Sujets portent tous également les Charges publiques.* D'ailleurs quand ce que contribuë le Sujet pour le public, n'eft rien autre chofe que *le prix de la paix qui l'achete*, , il eft raifonnable que ceux qui participent également à la paix, payent parties égales de ce qu'on la vend ; & cela foit en argent, ou de leur trauail. Mais c'eft vne loy de Nature comme i'ay dit au chapitre troifiéme dans l'article quinziéme, *Que dans la diftribution du droit à autruy on fe montre égal à Tous* : Les Souuerains donc font tenus par la loy de Nature *d'impofer également à leurs Sujets les Charges publiques.*

DE LA POLITIQVE.

CHAPITRE XIII.
L'équité naturelle veut qu'on ne taxe point le Suiet à raison de ce qu'il possede; mais seulement de sa dépense.

XI. Ie ne parle pas icy de l'égalité d'argent, mais de Charges : ie veux dire de *l'égalité de raison* entre les Charges qu'on supporte, & le bien qui en reuient : car bien qu'on jouïsse tous également de la paix, le bien qui en reuient n'est pas égal pour tous, puis qu'on acquert plus de bien les vns que les autres, & qu'aussi on en dépense les vns plus, les autres moins. On peut donc mettre en question si c'est à raison du gain ou de la dépense, que le Sujet doiue estre tenu de contribuër au public, ie veux dire si l'on mettra les Taxes *sur les personnes*, que chacun y contribuë selon *ses moyens*, ou *sur les choses*, que chacun y contribuë selon *sa dépense*. Mais si nous considerons d'vne part que pour auoir acquis autant de bien que d'autres, on n'en a pas tousiours autant : quand tel épargne son bien, & que tel autre le dissipe : Et qu'ainsi posé qu'on deût contribuer selon ses moyens, il se trouuerroit que ceux qui auroient également profité de la paix ne porteroient pas également les Charges publiques : Et que d'autre part où l'on impose sur les choses, il se trouue que chacun en dépensant son bien ; dés-là qu'il le despense, paye sans s'en aperceuoir la part qu'il en doit à l'Etat ; & que si ce n'est à raison du bien qui luy reste, c'est à raison de celuy qu'il a eu, ce qui est égal pour tous : Il n'y a plus de doute que la premiere façon de mettre des Imposts ne soit contre l'équité ; & par consequent contre le deuoir des Souuerains ; Et qu'aucontraire cette seconde ne soit conforme à la raison ; & à leur deuoir.

Bb ij

CHAPITRE
XIII.
Il est bon pour garder la paix de tenir bas l'ambitieux.

XII. En troisiéme lieu, i'ay trouué contraire au repos public la maladie d'esprit qui vient *d'ambition*. Car il y a beaucoup de gens qui pour se croyre plus sages & plus propres à gouuerner que ceux qui y sont, quand ils ne peuuent montrer autrement qu'ils seruiroient bien l'Etat, le montre en faisant contre. Quand donc on ne peut arracher de l'esprit de l'homme l'ambition & l'auidité d'honneur, les Souuerains n'ont que faire de s'en mettre en peine: Mais ils peuuent enseigner à leurs Sujets par vne administration constante de recompenses, & de peines, Que la voye aux honneurs n'est point de parler mal du gouuernement present, ny de cabaler & gagner par telles voyes le cœur du peuple, mais tout le contraire. *L'homme de bien est celuy qui garde les Loix*. Si l'on voit telles gens que cela recompensez, en honneur & dignité, & les factieux châtiés par qui gouuerne; & cela toûjours constamment; il y auroit plus de presse à obeïr, qu'à aller contre. Cependant il peut arriuer que ce soit prudence de flatter le Sujet *qui pourroit nuire*, comme on fait du cheual *qui se cabre*, pour la fougue où on le void: mais c'est à faire au Souuerain, comme au Caualier qui se sent presque *des arçonné*: Et ie parle icy de ceux qui ont leur authorité & puissance en son entier. Il est donc de leur deuoir d'auancer leurs Sujets obeïssans & fidelles, & tenir bas les factieux, autant qu'il sera possible: quand on ne sçauroit autrement conseruer l'authorité, ny sans elle la paix, & le repos de l'Etat.

DE LA POLITIQVE 197

XIII. Que s'il est du deuoir des Souuerains *de contenir les factieux*, à plus forte raison l'est-il *de dissiper les factions*. J'apelle icy faction *une multitude de Sujets, vnis ou par pactes entre eux, ou sous le pouuoir d'vn Chef, sans l'adueu du Souuerain*. La faction est donc comme *vn Etat dans l'Etat*. Car comme l'Etat se fait par l'vnion des hommes dans l'Etat de Nature: aussi par vne autre vnion ils font vne faction. Selon cette definition, *vne multitude de Sujets ayans promis obeïssance pure & simple, soit à vn Prince Etranger, ou à quelque autre Sujet, ou qui ont fait Ligue défensiue entre eux enuers tous & contre tous sans excepter le Souuerain, font vne faction dans l'Etat*. Aussi auoir gagné le cœur du peuple, si l'on y a tant de credit qu'on puisse y leuer vne armée, à moins que l'Etat se précautionne par ôtages ou autrement, *cela vaut faction*. Et on en peut dire autant *des richesses des particuliers, si elles sont excessiues*: quand tout obeït à l'argent. Si donc il est vray que les Etats & Empires soient à l'égard les vns des autres dans l'Etat de Nature & d'Ennemy, le Souuerain qui souffre vne faction dans l'Etat, fait la mesme chose que s'il y souffroit *l'Ennemy*: ce qui est *contre le bien public*; & par consequent *contre les Loix de Nature*.

CHAPITRE XIII.
Et dissiper les factions.

XIV. Deux choses sont nécessaires pour enrichir les Sujets, *le trauail & l'espargne*, vne troisiéme y fait aussi, ie veux dire *le reuenu* que portent la terre & l'eau; & mesmes vne quatriéme, *la Guerre*: Mais comme le plus souuent on s'y ruïne plûtôt que d'y profiter: Ie compte les deux premieres pour les

Il est bon pour enrichir ses Sujets de faire des Loix en faueur des métiers, comme aussi des

Bb iij

CHAPITRE XIII.
Loix somptuaires contre le luxe & la despense.

seules nécessaires. De vray vn Etat établi dans vne Isle maritime, où l'on n'aura de lieu que pour habiter, pourra sans moissons, & sans pesche s'enrichir par le seul trafic, & par la manufacture. Mais il n'y a pas de doute que s'ils ont auec cela du fonds à cultiuer, ils ne puissent estre plus riches en mesme nombre, ou aussi riches en plus grand. Quant à la quatriéme chose, ie veux dire la guerre, c'estoit autrefois comme vn métier, qu'on apelloit *Brigandage*: & on le crût juste, & honéte, tandis que le genre humain fut dispersé par familles sans Etats. Car le *Brigandage* n'est que la *petite guerre*. Et l'on a veu de grands Etats, tels que ceux de *Rome* & d'*Athenes*, s'enrichir à tel point de butin, de contributions, & de terres conquises, que non seulement ils n'eurent pas besoin de mettre à la Taille leur menu peuple; mais mesmes ils leur distribuërent bien souuent par teste de l'argent, & des terres à labourer. Mais il ne faut pas compter sur cette façon de s'enrichir : car pource qui est du gain, *la guerre est comme le jeu*; où peu de gens gagnent, & presque tout le monde perd. Ne comptant donc que trois choses à enrichir les Sujets, *Les reuenus des biens en fonds, le trauail & l'épargne*, les Souuerains ne sont tenus de regler que cela seul. Quant à la premiere donc, il est bon de faire *des Loix en faueur du trauail*, qui améliore les biens en fonds, & augmente le reuenu, comme fait l'*Agriculture & la Pesche*. Quant à la seconde : il est bon de faire des Loix *contre les Faineans*, & pour réueiller l'industrie : Et le moyen de le faire, est d'ac-

DE LA POLITIQVE. 199

corder priuileges pour l'*Art de nauiger*; quand c'est par luy qu'on fait venir de toutes parts dans l'Etat de toutes sortes de biens qu'on n'achéte presque que de son trauail ; *Pour les Mecaniques*: ie veux dire pour les Arts à faire les plus beaux Ouurages; Et *pour les Mathematiques*: quand c'est là la source d'où vienét l'Art de nauiger & la mécanique. Enfin quant à la troisiéme chose il faut *des Loix Somptuaires*, à regler la despense des particuliers, tant en habits que de bouche. Et puis que telles Loix seruent pour la fin que i'ay expliquée, il est du deuoir du Souuerain de les faire.

XV. *La liberté des Sujets* ne consiste pas à estre exempts des Loix Ciuiles, ou que le Souuerain n'ait pas droit de faire telles Loix qu'il luy plaira: mais comme tous nos mouuemens de corps & d'esprit, & toutes nos actions ne sont pas reglées par les Loix, & mesmes ne le sçauroient estre pour leur grande diuersité: il faut nécessairement qu'vne infinité de choses, ne soient ny commandées ny défanduës, mais qu'on peut faire ou ne pas faire, selon qu'on le trouue bon. En ces choses donc on apelle *l'homme libre*; on dit qu'il *iouït de sa liberté*: Et il faut entendre cette liberté, *de cette partie du Droit de Nature, que les Loix Ciuiles permettent & laissent à leurs Sujets*. Et comme on void l'eau se corrompre, quand pour estre renfermée de toutes parts dans vn estang elle y croupit : Et que quand elle n'a rien qui la retiéne, elle se répand & s'écoule d'autant plus aisément qu'elle a plus d'issuës : De mesme les Sujets

Qu'il ne faut de Loix que des choses nécessaires au bien public & des particuliers

CHAPITRE XLVI.

CHAPITRE XIII.

s'engourdiroient s'ils ne faisoient rien que les Loix n'eussent ordonné, & viendroient à se des-vnir, ce qui causeroit la dissolution de l'Etat, s'ils faisoient toutes choses contre. Aussi plus les Loix ont laissé de choses sans déterminer, plus a-t-on de liberté. Les deux extrémes sont vicieux : car on n'a pas trouué les Loix pour empescher nos actions, mais seulement pour les diriger : de mesme que la Nature n'a pas disposé les riuages pour arrester, mais pour conduire le cours des riuieres. Enfin on doit mesurer cette liberté par le bien public, & des particuliers : Et ainsi c'est contre le deuoir des Souuerains, qui seuls ont l'authorité de faire des Loix, *Qu'il y en ait plus dans leur Etat qu'il n'est besoin pour le bien public, & des particuliers.* En effet comme on a accoûtumé de déliberer plûtôt par raison naturelle, que par science de Loix, sur ce qu'on doit faire & obmettre : quand il y a tant de Loix que mal-aisement s'en peut on ressouuenir, & qui deffandent ce que la raison seule ne deffand pas, il faut nécessairement que par ignorance sans mauuaise intention, on donne contre les Loix, *comme contre des panneaux tandus à cette innocente liberté*, que les Souuerains sont tenus par la loy de Nature *de conseruer à leurs Sujets.*

Qu'on ne doit punir le coupable que de la peine que porte la Loy.

XVI. C'est encore vne grande partie de cette liberté qui ne nuit point à l'Etat, & est si nécessaire aux particuliers pour viure heureux, *Qu'on n'ait à craindre de punition que celle à quoy on peut s'attandre.* Or cela arriue quand il n'y a point de peines prescrites, ou qu'y en ayant on en exige point de plus grandes,

DE LA POLITIQVE.

CHAPITRE XIII.

des. Quand il n'y en a point d'établies, le premier qui viole la Loy s'attend d'en souffrir vne *indéfinie*, ou arbitraire: & on suppose sa crainte *infinie*, qui l'est d'vn mal infiny: Mais en ces cas la Loy de Nature ordonne à qui n'est pas sujet aux Loix Ciuiles, ie veux dire au Souuerain, ainsi que i'ay expliqué dans l'article onziéme du chapitre troisiéme, *Qu'en toute vangeance & punition on n'ait pas égard au mal passé, mais au bien à venir*; Et ainsi ce seroit pecher que de mesurer les peines arbitraires autremēt qu'au bien public. Mais quand la peine est definie & prescrite, soit par la Loy, comme quand elle dit expressement, *Qui fera cela, souffrira cela*; ou par la pratique; comme quand la peine qui étoit arbitraire du commancemēt (la Loy ne l'ayant point definie) a esté determiée en suitte par le châtiment du premier coupable; Puis que l'équité naturelle veut qu'on punisse également ceux qui sont également coupables: ce seroit contre la loy de Nature d'exiger des peines plus grandes que les peines déja prescrites. De vray la fin du Châtiment n'est pas de forcer la volonté, mais de la former & la rendre telle que veut celuy qui prescrit la peine; & deliberer n'est rien autre chose que peser comme dans vne balance le bien, & le mal qui reuient de ce qu'on propose de faire: *où le plus fort l'emporte nécessairement*. Si donc le Legislateur donnoit pour *contre-poids* au crime vne peine *si foible* que la crainte qu'on auroit ne l'emportât pas sur le desir de pecher, *le surplus* de ce desir par dessus la crainte, qui feroit commettre le crime, deuroit être

CHAPITRE XIII.

attribué au Legiflateur, c'eft à dire au Souuerain. Et c'eft pourquoy s'il venoit à punir de peine plus grande que celle qu'il auroit prefcrite, *il puniroit fa propre faute en autruy.*

Qu'il faut rendre juftice aux Sujets contre les Iuges corrompus.

XVII. Il eft auffi de cette *innocente liberté,* fi neceffaire au particulier, qu'il puiffe iouïr fans crainte des droits que laiffent les Loix. Car en vain les Loix mettroient-elles de la diftinctió entre *le noftre, & le bien d'autruy,* s'ils deuoient fe confondre derechef par faux iugemens, par vols, & larcins. Mais toutes ces chofes arriuent *quand on peut corrompre fes Iuges:* Car la crainte qui détourne de mal faire ne vient pas de ce *qu'il y a* des peines établies, mais de ce *qu'on les exige,* car on juge de l'auenir par le paffé, & rarement s'atandra-t-on à ce qui n'arriue que rarement. Si donc les Iuges pour s'eftre laiffez corrompre par prefens ou par faueur, ou touchez de compaffion remettent fouuent la peine que porte la Loy; & donnent par ce moyen efperance d'impunité aux méchans : les gens de bien fe trouuerront enuironnez d'affaffins, de voleurs, & de filoux; ils ne fçauront viure enfamble, ny mefmes fe remuër; En vn mot cela détruira l'Etat: Et voila chacun dans fon droit de fe deffandre foy-mefme, comme bon luy femblera. La Loy de Nature ordonne donc aux Souuerains, non feulement de rendre juftice eux-mefmes, mais encore de *contraindre par peines les Iuges* qu'ils ont établis de la rendre auffi. Ie veux dire qu'ils doiuent préter l'oreille aux plaintes de leurs Sujets, *& donner de temps en temps des Commiffaires à leurs Iuges ordinaires.*

DE LA POLITIQUE. CHAPITRE XIV.

LES ELEMENS DE LA POLITIQVE.

CHAPITRE QVATORZIESME.

Des Loix & des Péchés.

I. *Comment diffère* la loy du Conseil. II. *Comment elle diffère* du pacte. III. *Comment* du Droit. IV. *Diuision des loix en* Diuines *& Humaines; & des Diuines en* Naturelles & Positiues; *& des Naturelles en celles des simples particuliers, & celles des Nations.* V. *Diuision des Loix Humaines, c'est à dire des Loix Ciuiles en* Sacrées *& Seculieres.* VI. *En* distributiues *& vindicatiues.* VII. *Que la Distributiue & la Vindicatiue ne sont pas deux especes, mais deux parties de Loy.* VIII. *Qu'il faut sous-entendre vne peine appposée à toute Loy.* IX. *Que les préceptes du Décalogue, d'*Honorer ses parens, Ne tuer point, Ne dérober point, Ne commettre point adultère, Ne rendre point faux-témoignage *sont les Loix Ciuiles.* X. *Qu'on ne peut rien ordonner par aucune Loy Ciuile contre la loy de Nature.* XI. *Qu'il est de l'essence de la Loy qu'on la* conoisse, *& son Legislateur.* XII. *Par quoy on conoit le Législateur.* XIII. *La*

CHAPITRE XIV.

Promulgation & l'Interpretation *de la Loy sont nécessaires pour la conoître.* XIV. *Diuision des Loix Ciuiles en Loix* Ecrites & non-Ecrites. XV. *Que ny les* Décisions des gens de Palais, ny les Arrests, ny les Coûtumes *ne sont Loix par elles-mesmes, mais par le consentement du Souuerain.* XVI. *Ce que signifie le nom de* péché *dans son sens le plus étandu.* XVII. *Definition du* péché. XVIII. *Difference du peché d'infirmité d'auec la* malice. XIX. *En quel genre de peché c'est qu'il faut mettre l'*Atheisme. XX. *Ce que c'est que le* crime de Leze-Majesté. XXI. *Que par le crime de Leze-Majesté on ne viole pas les Loix* Ciuiles, *mais de* Nature. XXII. *Qu'ainsi on ne le punit point par droit de* Souuerain, *mais d'*Ennemy. XXIII. *Qu'on distingue mal l'obeissance en* Actiue & Passiue.

Comment differe la Loy du Conseil.

I. Faute de peser comme on deuroit la force des termes, & leur sens propre, on confond *la Loy* quelquefois auec *le Conseil*, quelquefois auec *le Pacte*, quelquefois auec *le Droit*. C'est la cófondre auec *le Conseil*, que de croyre le Souuerain obligé, non seulement à prendre aduis de ses Conseillers, mais mesmes à le suiure: cóme si c'estoit en vain qu'on prît conseil, quand on ne fait pas ce qui a esté conseillé. Pour distinguer entre le Conseil & la Loy, il faut voir la difference du *Conseil* & du *Commandement*. Or le Conseil est vn precepte où la raison d'obeïr se prend *de la chose ordonnée*; Et le commandement est vn precepte, où la raison d'obeïr se prend *de la volonté de qui le donne*. Car on ne sçauroit proprement dire VOVLONS, ET MANDONS: si l'on ne peut dire aussi, CAR TEL EST NOSTRE BON PLAISIR. Puis donc qu'on n'obeït pas aux Loix pour les choses qu'elles

DE LA POLITIQVE. 205

ordonnent, mais parce qu'il plaît au Legiſlateur : la
Loy n'eſt pas *un Conſeil*, mais *un Commandement*;
Et il la faut définir en cette ſorte : *La Loy eſt le Com-*
mandement du Souuerain, ſoit Monarque ou autre ; dont
le Précepte contient la raiſon d'obeïr. Ainſi on doit
apeller Loix les Commandemens de Dieu à l'homme, du Roy au Sujet, & en vn mot de toutte puiſſance à qui ne ſçauroit reſiſter. Car la Loy eſt de celuy *qui a* puiſſance ; le Conſeil, de celuy qui *n'en a*
point : Il eſt *du Deuoir* de faire ce que commande la
Loy ; il eſt *du bon-plaiſir* de faire ce qu'ordonne le
Conſeil : Le Conſeil eſt pour les fins *de qui prend*
Conſeil ; la Loy pour les fins *de qui la donne* : Le
Conſeil n'eſt que pour qui le *veut* ; La Loy meſmes
pour qui n'en *veut point* : Enfin *le droit de Conſeiller*
ceſſe comme il plaît à qui prend conſeil ; *Le droit de*
Legiſlateur ne ceſſe point au gré de qui reçoit la Loy.

11. C'eſt confondre *la Loy* & *le Pacte*, que de croire
que les Loix ne ſoient autre choſe que des formules
de viure, dequoy on ait conuenu : *Ariſtote* l'a crû, ce
ſemble ; qui donne cette definition : *La Loy eſt le*
Diſcours définy par le commun conſentement de l'Etat, qui
montre & deſigne comment faire chaque choſe. Definition qui ne l'eſt pas ſimplement de toute Loy, mais
ſeulement de la Loy Ciuile. Car il eſt éuident que les
Loix Diuines ne ſont pas venuës du conſentement
des hommes, non plus que les loix de Nature : car ſi
elles venoient de là, elles pourroient eſtre abrogées
de meſme : & elles ſont immüables. Meſmes à prendre cette definition ſeulement pour la Loy Ciuile,

CHAPITRE XIV.

Comment el-
le differe du
Pacte.

Cc iij

elle n'est pas bonne. Car où l'on y prend *l'Etat* pour *vne seule* personne Ciuile, ayant sa volonté vnique : ou pour vne *multitude* & vn nombre de gens, ayans chacun leur volonté & franc-arbitre : Si c'est pour vne personne : mal à propos y met-on ces termes *par le commun consentement* : car vne mesme personne n'a pas *vn commun consentement* : Et il ne falloit pas dire non plus, *qui montre & designe* : mais qui *enjoint, & commande ce qu'on doit faire.* Car que l'Etat *montre*, & donne à entandre, cela s'apelle qu'il *commande.* Quand donc Aristote a dit l'*Etat*, il a voulu dire *vne multitude*, & vn nombre de gens, qui ayent marqué & designé de leur cōmun consentement, par exemple par vn Ecrit confirmé par suffrages, certaines *formules* de viure. Or telles *formules* ne sont que des *Pactes mutuels*, qui n'obligent personne, & par consequent ne sont Loix qu'aprés l'authorité Souueraine établie, qui puisse contrainde à les obseruer, & donne ses seuretés à qui les obseruera, contre qui n'en fera rien. Les Loix donc, selon cette definition d'Aristote, ne sont que des pactes nuds & inualides, lesquels quand il y aura vn Souuerain deuiendront Loix, ou ne le deuiendront pas, comme bon luy semblera. Aristote donc a confondu *les Pactes* auec *les Loix*, ce qu'il ne deuoit pas faire. Car le Pacte est *vne promesse* ; la Loy *vn Commandement* : Dans le Pacte on dit *ie feray* ; dans loy *faites* : Par le Pacte *on est obligé* ; & on doit faire à cause qu'on a promis ; par la Loy *on est tenu à son obligation* ; & de crainte de la peine on est *contraint* d'obeïr : Le Pacte oblige *par* foy; La Loy tient obligé *en vertu du Pacte général* d'eſtre ſujet: Et c'eſt pourquoy dans le Pacte on détermine *plûtôt* ce qu'il faut faire, que d'eſtre obligé à le faire; mais dans la Loy on eſt premierement obligé à faire, & *puis* ce qu'on doit faire eſt determiné. Ariſtote donc (pour le nommer encore vne fois) deuoit definir la loy Ciuile en cette ſorte: *La Loy Ciuile eſt le Diſcours definy par la volonté de l'Etat, qui commande ce qu'on doit faire*: Et ſa definition eût eſté la meſme que i'ay aportée dans l'article neuuiéme du chapitre ſixiéme: *Que les Loix Ciuiles ſont les Commandemens du Souuerain, quant aux actions à faire par ſes Sujets.*

CHAPITRE XIV.

111. Enfin c'eſt confondre *la Loy* & *le Droit* que de perſeuerer à faire ce que le Droit Diuin laiſſe loiſible, quand la loy Ciuile le deffand. La loy Ciuile ne peut ny permettre ce que deffand la loy Diuine, ny deffandre ce qu'elle commande: Mais cela n'empeſche pas qu'elle ne puiſſe deffandre ce que le droit Diuin laiſſe loiſible. Car les Loix inferieures peuuent reſtraindre la liberté que laiſſent les Superieures, quoy qu'elles ne puiſſent la rendre plus ample. Or *le Droit eſt la liberté naturelle*, que les Loix n'ont pas établie, mais laiſſée: car ôté les Loix, la liberté eſt entiere. *La Loy de Nature & Diuine* la reſtraint la premiere; puis *les Loix Ciuiles* reſtreignent le reſte; Et ce que la loy Ciuile en a laiſſé ſans reſtriction, peut eſtre reſtraint en ſuitte par les *Conſtitutions particulieres* des Villes, & des Communautez. Il y a donc grande difference entre *la Loy* & *le Droit*: car la

Comment du Droit.

CHAPITRE XIV.
Diuision des Loix en Diuines *&* Humaines; *& les* Diuines *en* Naturelles *&* Positiues, *& des Naturelles en celles des simple-particuliers, & celles des Nations.*

Loy est *le lien*, & le Droit *la liberté*; & ils different *comme contraires*.

IV. On peut diuiser toutes les Loix en premier lieu pour leurs diuers Autheurs, en *Diuines & Humaines*: Puis la loy Diuine est double, pour les deux façons que Dieu fait conoître sa volonté aux hommes; c'est à sçauoir, loy *de Nature* ou loy *Morale*, & loy *Positiue*. La loy de Nature est celle que Dieu a notifiée, & donnée à entandre aux hommes, *par sa Parole Eternelle qui est en eux*; ie veux dire *Par la lumiere Naturelle ou droite Raison* (Et c'est elle que i'ay tasché d'expliquer dans tout ce Liure.) La loy *Positiue* est celle que Dieu nous a notifiée par sa Parole *Prophetique*, par laquelle il a parlé aux hommes comme font les hommes: telles que sont les Loix qu'il donna aux Iuifs, touchant la police & le culte Diuin; Et on peut les appeller *loix Diuines-Ciuiles*, en ce qu'elles estoient particulieres à l'Etat des Israëlites, vn peuple particulierement à Dieu. Derechef on peut diuiser la loy de Nature en *Loy-de-Nature-pour-les-hommes*, qui est la seule qu'on apelle ainsi, & *Loy-de-Nature-pour-les-Etats*, qu'on pourroit apeller *Loy des Nations*, & qu'on apelle communement *le Droit des Gens*: car leurs preceptes sont les mesmes. Et comme tout Etat & Empire si tost qu'il est étably se trouue reuétu des proprietez personelles de l'homme: cette mesme loy que nous apellions loy de Nature, à parler seulement des deuoirs & offices de chaque homme enuers tout autre, s'apelle le droit des Gens, quand on l'aplique aux Etats entiers, aux Peuples & Nations:

DE LA POLITIQVE. 209

Nations: Et qu'on aplique aux Etats & Peuples entiers les Elemens que i'ay donnez iusqu'icy de la loy, & du droit de Nature: on pourra les nommer *les Elemens du droit des Gens.*

CHAPITRE XIV.

v. *Toute loy Humaine est loy Ciuile.* Car à considerer les hommes hors de l'Etat & Societé Ciuile, comme c'est l'Etat de la guerre vniuerselle, où nul n'est Sujet à autruy, ils n'ont pour toutes loix que ce que dicte la droite-Raison, qui est la loy Diuine: Et si nous les considerons dans l'Etat, & Societé Ciuile, l'Etat seul, ie veux dire le Sounerain seul, y fait les loix; & ainsi elles sont toutes loix Ciuiles. Maintenant on les peut diuiser pour leur diuersité de matiere en *Sacrées* & *Séculieres*. Les Sacrées sont celles qui regardent la Religion, ie veux dire les ceremonies, & le culte qu'on rend à Dieu; & qui reglent quelles personnes, quelles choses, & quels lieux luy consacrer; & auec quelles ceremonies; aussi quelles opinions enseigner publiquement touchant la Nature diuine; en quels termes, & comment faire les prieres; & autres choses semblables. Et ces loix ne sont definies par aucune loy Diuine positiue: car les loix Ciuiles Sacrées qu'on apelle aussi *Ecclesiastiques,* sont *loix humaines.* Quant aux *Séculiéres,* on les apelle du nom general *loix Ciuiles.*

Diuision des Loix Humaines, c'est à dire de loix Ciuiles en Sacrées & Séculieres.

vi. Derechef la loy Ciuile a deux parties: *la Distributiue,* & la *Vindicatiue :* Et cela pour les deux choses que doit le Legislateur, l'vne *de Iuger,* l'autre *de Contraindre* à garder ses jugemens. La distributiue est celle par laquelle on distribuë à chacun son droit:

En Distributiues & Vindicatiues.

D d

c'est à dire qui établit des Regles de toutes choses, au moyen dequoy nous sçachions ce qui est à nous en propre ou d'autruy : qu'on ne nous empesche point d'vser & de iouïr *du Nostre*, & que n'empeschant personne d'vser & de iouïr *du sien*, on sçache ce qu'il est permis à chacun de faire ou obmettre, & ce qui n'est pas loisible. La vindicatiue est celle qui definit les peines à exiger de qui viole la Loy.

Que la Distributiue & la vindicatiue ne sont pas deux especes, mais deux parties de Loy.

VII. Or la distributiue & la vindicatiue ne sont pas deux *Especes*, mais deux *parties* de Loy. Car si par exemple la Loy ne disoit que cecy (*Tout ce que vous prendrés en Mer, dans vôtre filé sera vôtre*) elle le diroit en vain : Car vn autre vous ôtât-t-il ce que vous auriez pris dans vôtre filé, cela n'empescheroit pas que la chose ne fût toûjours vôtre, puis que dans l'Etat de Nature où tout est commun à tous, la mesme chose est à vous & à autruy : Ainsi ce que la Loy definit vôtre, l'estoit mesme *auant* la Loy, & ne cesse point de l'estre, *aprés* qu'vn autre le possede. La Loy donc n'y fera rien : si on ne la prend en ce sens, *Qu'elle deffande à tout autre de vous empescher de jouïr de ce qu'elle veut qui soit vôtre, & d'en disposer en tout temps comme bon vous semblera* : car ce n'est pas assez pour auoir la proprieté que vous *puissiés* iouïr de la chose ; il faut que vous le *puissiés seul* ; & qu'ainsi il soit deffandu à tout autre de vous empescher, mais en vain seroit la deffance sans la *crainte* d'vne peine : La Loy donc seroit en vain qui n'auroit pas deux parties, l'vne à deffandre de faire tort, l'autre à punir qui le fait. La premiere de ces deux parties qu'on ap-

DE LA POLITIQVE

pelle *Diſtributiue* eſt vne *Deffance*, & parle à *Tous* en general, & à chacun en particulier: La ſeconde qu'on nomme *vindicatiue* eſt vn *Commandement*, & ne parle qu'aux *ſeuls* Miniſtres publics.

CHAPITRE XIV.

VIII. D'où l'on entend auſſi que toute loy Ciuile a *vne peine* attachée, ſoit expliquée, ou ſous entenduë: Et que ſi la peine ne s'y trouue definie, ny par Ecrit, ny par l'exemple de quelque criminel puny, elle eſt cenſée arbitraire, telle qu'il plaira au Legiſlateur, qui eſt toûjours le Souuerain. Car en vain ſeroit la Loy qu'on violeroit impunément.

Qu'il faut ſous-entendre vne peine appoſée à toute Loy.

IX. Or puis que c'eſt en vertu des loix Ciuiles qu'vn chacun a ſon droit *en propre*, diſtinct de celuy de tout autre, & qu'il eſt deffandu de ſe ſaiſir *du bien d'autruy*: il s'enſuit que ces Preceptes, *Tu ne refuſeras point à tes Parens l'honneur qu'ont definy les Loix: Tu ne tueras point celuy qu'elles te deffandent de tuer: Garde toy de tout commerce deffandu entre homme & femme: Tu ne prendras point le bien d'autry contre ſon gré: Tu ne rendras point les Loix en vain, ny les jugemens par faux témoignage:* Tous ces Preceptes (dis-je) ſont *loix Ciuiles*. A la verité la loy de Nature ordonne la meſme choſe: mais c'eſt comme on dit *implicitement*. Car la loy de Nature *enjoint de garder ſes pactes*, ainſi que i'ay expliqué dans l'article ſecond du chapitre troiſiéme ; & par conſequent *d'obeyr* quand on l'aura promis, & de s'abſtenir du *bien d'autruy*, quand on ſçaura par les loix Ciuiles ce que c'eſt que le *bien-d'autruy* : Mais par l'eſtabliſſement de l'Etat, tout ſujet, comme i'ay fait voir dans l'arti-

Que les Preceptes du Décalogue d'Honorer ſes parens, ne tuër point, ne rober point, ne commettre point adultere, ne rendre point faux témoignage, ſont loix Ciuiles.

Dd ij

CHAPITRE XIV.

cle treziéme du chapitre sixiéme, promet par pacte obeïssance au Commandemens du Souuerain, c'est à dire aux loix Ciuiles, mesmes auant que de pouuoir les violer: La loy de Nature donc deffand par ce moyen les choses que deffand la loy Ciuile. Or qu'à cela prés elle ne les defandît pas: c'est que la loy de Nature obligeoit dans l'Etat de Nature: Et là en premier lieu, puis que la Nature auoit donné toutes choses à tout homme, nul n'auoit rien *à soy en propre*; & par consequent on n'y pouuoit prendre *le bien d'autruy*: En second lieu, tout y estoit en commun; & par ce moyen *tout commerce* d'entre homme & femme loisible: En troisiéme lieu, c'estoit là l'*Etat de guerre* de tout homme, contre tout autre; & par consequent on auoit droit de *tuer*: En quatriéme lieu, tout y estoit desiny par le *jugement particulier* d'vn chacun; les *honneurs* donc à rendre à ses parens l'étoient comme tout le reste: Enfin il n'y auoit point de *jugemens publics*; on ne pouuoit donc y rendre *ny vray, ny faux témoignage.*

Qu'on ne peut rien ordonner par aucune loy Ciuile contre la loy de Nature.

X. Puis donc que l'obligation d'obseruer ces Loix, comme étant contenuë dans l'établissement de l'Etat, en vertu de la loy de Nature, qui deffand de violer ses pactes, a esté auant la promulgation de ces mesmes Loix: on void que *la loy de Nature commande d'obseruer toutes les loix Ciuiles.* Car où l'on est tenu d'obeïr auant que de sçauoir ce qui sera commandé, on est tenu d'obeïr en toutes choses generalement. D'où il suit, *Qu'il ne peut y auoir de loy Ciuile, contre la loy de Nature*: Sinon qu'elle fût au mépris de Dieu : car pource qui est de cela les Etats mesmes à l'égard de Dieu ne sont pas de leur droit, & leurs propres Maistres ; & on ne peut dire qu'ils fassent des Loix. En effet quoy que la loy de Nature deffande le *Larcin* & l'*Adultere*, si la loy Ciuile commande de se saisir de quelque chose, ce n'est ny Adultere ny larcin. Ainsi quand la *Republique de Lacedemone* permit aux enfans de se prendre certaines choses, sous certaines conditions, ce n'est pas qu'elle aprouuât le larcin : Mais elle voulût qu'on fit *sien ce qu'on prendroit de la sorte* : Et ainsi qui le faisoit *ne déroboit pas*, mais *acqueroit justement*. Et de mesme parmy les Payens, toute conjonction des deux Sexes selon les Loix estoit *mariage légitime*.

CHAPITRE XIV.

XI. Il est nécessaire pour l'Essence de la loy que deux choses ayent été renduës notoires aux Sujets : La premiere, *Quel est* l'homme seul & vnique, ou le Conseil & Assemblée de quelques hommes, qui a l'authorité Souueraine, & par consequent le pouuoir de faire des loix ; La seconde, *Qu'est-ce* que dit la Loy. Car on ne sçauroit obeïr si l'on ne sçait *à qui*, & *en quoy* : Et c'est comme si on n'estoit pas obligé. Je ne dis pas qu'il soit necessaire à l'Essance de la loy que ces deux choses soient toûjours connuës ; mais seulement qu'elles l'ayent été vne fois : Que si aprés cela le Sujet ne se souuient plus ou *du droit du Legislateur* ou de sa *Loy*, il ne laissera pas d'y estre tenu : puis qu'il eust pû s'en ressouuenir, s'il eût eu la volonté d'obeïr qu'ordonne la loy de Nature.

Qu'il est de l'essence de la Loy qu'on la connoisse & son Legislateur.

XII. Il depend du Sujet de conoistre le Legis-

Dd iij

CHAPITRE XIV.

Par quoy on conoit le Legiſlateur.

lateur, puis que le droit de faire les loix n'a pû eſtre conferé que de ſon conſentement, & en vertu de ſon pacte, ſoit *exprés* ou *ſous-entandu*. Ce pacte eſt exprés quand on ſe trouue au commancement que s'établit vn Etat, & parmy ceux qui promettent obeïſſance au Souuerain : Il eſt tacite & ſous-entandu de ce qu'on vient prendre part au bien qui reuient de l'authorité Souueraine, & de l'Etat étably, d'eſtre protegé par ſes loix enuers tous & contre tous. Car en demandant que pour nôtre propre intereſt nos Concitoyens *obeyſſent à quelqu'vn*, nous auoüons ſon authorité *légitime* : Et ainſi quand on ſçait aſſez ce que de vray on a fait : on ne ſçauroit prétandre cauſe d'ignorance du pouuoir de faire les loix.

La promulgation & l'interpretation de la loy ſont neceſſaires pour la conoitre.

XIII. Mais il depend du Legiſlateur qu'on conoiſſe les Loix qu'il a faites, puis qu'il en doit faire *la Promulgation*, ſans quoy ce ne ſeroient pas des loix. Car la loy eſt *le Commandement* du Legiſlateur : & le Commandement eſt vne *Déclaration de la volonté* : Il n'y a donc point de loy, ſi la volonté du Legiſlateur n'eſt déclarée ; Et elle l'eſt par la Promulgation. Or on doit étre aſſuré de deux choſes dans la promulgation, l'vne, que celuy ou ceux qui la font ayent *Droit* eux-meſme de faire la loy, ou la publient de l'authorité de celuy ou de ceux qui ont ce Droit : l'autre, du *Sens* de la loy. Quant au premier qui eſt de ſçauoir ſi les loix qu'on publie vienent du Souuerain : On ne peut en eſtre aſſuré, ie veux dire qu'à proprement parler, & en Philoſophe on ne le peut ſçauoir, à moins que de l'auoir oüy de la propre

DE LA POLITIQVE. 215

CHAPITRE XIV.

bouche du Souuerain : autrement on ne fait que le croire. Mais les raisons de croyre sont si grandes, qu'à peine est il possible de ne croyre pas. Et de vray dans l'Etat Democratique, où chacun peut se trouuer s'il veut à faire les loix, les absens doiuent en croyre ceux qui y ont assisté. Mais dans les Monarchies & Aristocraties, où il est permis à peu de gens d'oüir eux mesmes de leurs oreilles les Commandemens du Monarque, & du Censeil d'Etat, il a fallu necessairement donner pouuoir à ce petit nombre de les publier aux autres : Et nous reçeuons pour *Edicts & Déclarations du Roy*, ce que nous donnent pour tel, soit par écrit ou de viue voix, ceux qui ont charge de le faire. Ainsi auec ces raisons de croyre qu'on ait veu le Monarque ou les Seigneurs & Etats se seruir constamment des tels *Conseillers*, *Scribes*, *Sergens & Sceaux*, & autres signes & argumens à declarer la volonté Souueraine : Et qu'on ait veu punir ceux qui pour n'auoir pas ajousté foy à telles Promulgations, ont transgressé la Loy : non seulement on est excusé par tout le monde de ce qu'on y ajoûte foy, & qu'on obeït aux Edicts & Ordonnances; mais mesmes on est châtié de n'y pas croire, & qu'on manque d'obeïr. Car le Souuerain permette que cela se fasse *constamment*, c'est vn signe & vne *Déclaration* suffisante de sa volonté : pourueu qu'il n'y ait rien dans la Loy, dans l'Edict & dans le Decret, qui deroge à son droit de Souuerain : car pource qui est de cela, il n'est pas à croyre que tandis qu'il est en volonté de regner, il entende qu'aucun de ses Miniftres ou Officiers empiete fur fon authorité. Quant au *fens* de la Loy quand on en doute, il faut s'en rapporter à ceux à qui le Souuerain *a attribüé* de conoître des caufes, & d'en juger. Car *juger* n'eft rien autre chofe qu'*en interpretant les Loix les appliquer aux cas particuliers* : Et on conoît quelles gens ont cette Charge, comme on conoît ceux qui l'ont de faire publier les Loix.

Diuifion des Loix Ciuiles en Loix Ecrites & non-Ecrites.

XIV. Derechef la Loy Ciuile eft de deux efpeces, pour fes deux façons de promulgation : l'*Ecrite*, & la *Non - Ecrite*. Par l'Ecrite j'entans celle qui pour eftre Loy à befoin de la parole, ou de quelque autre figne de la volonté du Légiflateur. Car tout genre de Loix eft de fa Nature & pour le temps auffi ancien que le genre humain : Et par ce moyen plûtôt que l'inuention des Lettres, & que l'art d'Ecrire. L'*Ecriture* n'eft donc pas neceffaire à la Loy-Ecrite, mais *la parolle* ou autre figne : Celle-cy feule fert à l'effençe de la Loy : l'autre à s'en refouuenir. De vray nous auons dans les Hiftoires du vieux Temps, qu'auant les Lettres trouuées à ayder la memoire, on mettoit les loix en vers qu'on aprenoit à chanter. La *Non-écrite* eft celle qui n'a befoin d'autre promulgation que de *la voix de la Nature*, ie veux dire de la raifon : telles que font les loix de Nature. Car la loy de Nature quoy qu'on la diftingue de la loy Ciuile, entant qu'elle commande à la volonté, eft neanmoins loy Ciuile à l'égard des actions : Par exemple celle-cy *Tu ne connoiteras point*

DE LA POLITIQVE. 217

point, qui regarde seulement la volonté n'est qu'-
vne *loy de Nature* : Mais cette autre, *Tu ne prendras point*, est loy de *Nature & loy Ciuile*. Car étant
impossible de prescrire des Reigles Vniuerselles à
juger tous les procez à venir, qui peut-étre sont in-
finis, il faut entendre qu'en tous les cas que la loy
Ciuile a obmis on doit suiure la loy de l'équité Naturelle qui commande *de rendre à gens égaux choses
égales* : Et cela en vertu de la loy Ciuile, qui punit
mesmes ceux qui font quelque chose à éscient contre la loy de Nature.

XV. Ces choses ainsi expliquées on void aussi
qu'on ne doit pas apeler loix Ecrites les loix de Nature, de ce qu'on les trouue *écrites* dans les Liures
des Philosophes : En second lieu que les *écrits &
décisions* des Iuris Consultes, ne sont pas des loix ;
Et cela pour leur défaut d'authorité Souueraine :
Et enfin que *les Responses des gens prudens* comme ils
les apellent, ou *gens prudes* c'est à dire les *Sentances,
Ordonnances & Arrests de Iuges gens de Palais* ne sont
loix qu'entant que du *consentement* du Souuerain,
ils ont passé en coûtume. Quand donc apres cela
on les met au nombre des loix Ecrites, ce n'est pas
en vertu de la Coûtume, qui ne sçauroit d'elle-mes-
me établir de loy : Mais pour la volonté du Souuerain, qu'on infere de ce qu'il a permis que l'Arrest
quel qu'il fût équitable ou non passast en Coûtume.

XVI. Le *peché* à prendre ce terme dans le sens
le plus étandu comprend tout ce qu'on *fait*, qu'on
dit, ou qu'on *veut contre la droite raison*. Car vn

CHAPITRE XIV.

Que les Decisions des gens de Palais, ny les Arrests, ny les Coûtumes ne sont Loix par elles-mesmes : mais par le consentement du Souuerain.

Ce qui signifie le nom de peché dans son sens le plus étandu.

E e

CHAPITRE XIV.

chacun cherche en raisonnant des moyens à la fin qu'il se propose. Si donc il raisonne juste, ie veux dire que commançant par des principes tres-éuidens il fasse le tissu de son discours de consequences tout de suitte toutes necessaires : il ira le droit chemin : autrement il s'ecartera ; ie veux dire qu'il fera, dira, ou entreprendra quelque chose contre ses propres fins. Or cela s'appelle tomber en erreur, & *Errer* pource qui est du raisonnement ; & *pecher*, ou faire vn peché, pour ce qui est de l'action faite, & de la volonté qu'on a. Car *le peché suit l'Erreur* comme *la volonté fait l'entandement*. Et c'est-là l'acception la plus ample de ce terme *le peché*, qui contient tout ce qu'on fait par imprudence, soit contre la loy ou non : comme de ruiner la maison d'autruy, ou de se bâtir sur le sable.

Definition du peché.

XVII. Mais en matiere de loix ce mot *le peché* a son sens moins étandû ; & ne signifie pas tout ce qu'on fait contre la droite raison, mais seulement ce qu'on fait *dont on puisse estre blâmé* (le Latin le dit * en vn mot d'où vient celuy de mal-de coulpe) cependant il ne s'ensuit pas qu'on doiue apeller peché ou coulpe, tout ce dont on est blamé: Mais seulement quand on l'est *auec raison* : Il faut donc voir ce que c'est que blâmer auec raison, & contre raison. L'homme est tel de sa nature qu'vn-chacun apelle *bien* ce qu'il souhaiteroit qu'on luy fît, & *mal* ce qu'il tasche d'éuiter. Il arriue donc pour nos diuerses passions que tel homme apelle bien, ce que tel autre apelle mal ; & qu'vn mesme homme assure

* Culpari.

DE LA POLITIQVE. 219

la mesme chose tantôt *bonne*, tantôt *mauuaise* & bonne en *luy mesme*, mauuaise *en autruy*. Car nous iugeons du bien & du mal par le *plaisir* ou la *peine* qu'il nous fait, ou que nous attandons qu'il nous fasse. Maintenant comme il nous fasche de ce que font nos ennemis qui leur reüssit, quand cela les rend plus puissants, & qu'on n'ayme pas aussi le bon succez pour son égal, contre qui l'on s'est picqué d'honneur ; & qu'ainsi ces choses semblent *mauuaises*, & sont telles en effet : Quand tous les hommes n'agreent pas les mesmes choses, on ne sçauroit definir de leur commun consentemét qu'est-ce qu'on doit *blâmer*, ou non. Il est vray qu'ils peuuent s'en accorder pour certaines choses generales : par exemple que le larcin, l'Adultere, & autres telles actions soient peché : comme qui diroit que tout le monde appelle *mauuais* ce à quoy on donne *un Nom* qu'on a accoûtumé de prendre *en mauuaise part* : Mais il ne s'agit pas de sçauoir *si le larcin est peché* ; il est question de sçauoir, *Qu'est-ce qu'on doit apeller larcin*, & ainsi des choses semblables. Puis donc que dans cette diuersité de sentimens, l'égalité de la Nature humaine dans tous les hommes, fait qu'on ne doit mesurer par la raison des vns plûtôt que des autres, Qu'est-ce qu'il y a raison de blâmer : Et qu'il n'y a point d'autre raison que les raisons *des particuliers*, & celle de l'*Etat* : il s'ensuit que c'est à l'Etat de juger, Qu'est-ce qu'on blâme auec raison : *La coulpe donc ou le peché est tout ce qu'on fait ou obmet ; Tout ce qu'on dit, ou qu'on veut ; contre la raison de*

CHAPITRE XIV.

Ee ij

l'Etat : c'est à dire contre les Loix.

CHAPITRE XIV.
Difference du peché d'infirmité & de malice.

XVIII. Or on peut contrevenir aux Loix *par fragilité*, Et en ce cas quoy qu'on tasche d'accomplir la Loy, puis que ce qu'on fait est *contre* on le blâme auec raison, & on l'apelle peché : Mais il y a des gens qui méprisent les Loix, & les violent sur la moindre esperance de gain, ou d'impunité, sans que leurs pactes & la conscience de leur foy donnée les retiene : & non seulement ils font de mauuaises actions ; mais ils ont l'ame méchante. Ceux qui ne pechent que par infirmité sont *gens de bien, & bonnes-gens*, mesme quand ils pechent : Mais ceux-cy sont *méchantes-gens*, & malins, mesmes quand ils ne pechent pas. Or encore que l'vne & l'autre de ces deux choses repugne aux Loix : ie dis les actions, & le cœur : on distingue neanmoins auec diuers noms ces deux contrarietés-là : Car on nomme action *injuste* & *peché*, l'irregularité d'action, & celle d'esprit & de dessein *injustice* & *malice* : Celle-là n'est autre chose qu'infirmité de l'ame *en trouble* ; Celle-cy méchante d'ame, mesmes quand on est de sang froid.

En quel genre de peché c'est qu'il faut mettre l'Atheisme.

XIX. Mais s'il n'y a point de peché qui ne soit contre quelque Loy : ny de Loy qui ne soit vn Commandement du Souuerain : ny de Souuerain que tel de nostre consentement : Comment dira-t-on que peche celuy qui assure ou que *DIEV n'existe pas, ou qu'il ne gouuerne pas le monde* ; ou qui vomit quelque autre blasphéme contre Dieu ? Car il dira *Qu'il n'a jamais assujetty sa volonté à Dieu, qu'il n'a* pas crû mefmes qui fût : Et qu'y eut-il de l'erreur, & par confequent vn peché dans cette opinion-là, on ne fçauroit pourtant mettre ce peché que parmy ceux d'imprudence & d'ignorance, qu'on n'a point droit de punir. Il femble qu'on peut luy accorder ce qu'il dit, iufques-là que fon peché, quoy que le plus grand de tous, & de plus grand prejudice, foit vn peché *d'imprudence : Mais ce qu'il dit eft contre raifon, que pour venir d'imprudence & d'ignorance il mérite d'eftre excufé. Car que Dieu puniffe l'Athée luy-mefme immediatement, ou que les Rois le puniffent, qui font au deffous de Dieu, ce n'eft pas comme l'Etat fait le Sujet, pour n'auoir pas gardé les Loix; mais en qualité d'ennemy, qui ne les a pas voulu receuoir ; & par droit de guerre, comme il fit des Geants qui s'attaquerent au Ciel. Aprés tout on eft ennemis quand on n'a pas vn mefme Maiftre, ou qu'on ne l'eft pas l'vn de l'autre.

CHAPITRE XIV.

* Voyés les Remarques.

x x. Puis qu'en vertu du pacte par quoy tout Sujet s'eft obligé enuers tout autre Sujet, de rendre à l'Etat, c'eft à dire au Souuerain quel qu'il foit, Monarque, ou Confeil de Republique, l'obeïffance pure & fimple, abfoluë, & vniuerfelle, que i'ay expliquée dans l'article treziéme du chapitre fixiéme, on eft auffi obligé d'obferuer toutes les loix Ciuiles : Et qu'ainfi ce pacte feul renferme en foy toutes les Loix : il eft éuident que le Sujet qui renonce à ce pacte general d'obeïffance, renonce tout à la fois à toutes les Loix enfamble. Or en cela fon peché fi general eft d'autant plus graue que quelque autre

Ce que c'eft que le crime de Leze-Majefté.

Ee iij

que ce soit, qu'il est plus graue de pecher toûjours que de pecher vne seule fois. Et c'est là le peché qu'on apelle *crime de Leze-Majesté* : qui consiste en ce que dit le Sujet, par quoy *il déclare qu'il n'entand plus reconoître le Souuerain, ny luy obeïr*. On le declare *par actions* quand on fait violence à la personne du Souuerain, ou de qui execute ses Commandemens, ou qu'on tasche de le faire, qui est ce que font les Traistres, les assassins des Rois, les Rebelles qui prenent les armes contre l'Etat, les Transfuges qui passent durant la guerre du côté de l'ennemy. On le declare *par paroles* quand on vient à soûtenir qu'on n'est pas obligé à vne telle obeïssance, soit qu'on l'assure de soy-mesme, ou des autres ; Et soit qu'on l'assure en general & en tout, ou seulemens en partie. On l'assure *en general* & en tout, quand on a assure que mesmes sauf l'obëissance deuë à Dieu, on n'est pas tenu d'obeïr au Souuerain purement & simplement, & en toutes choses sans reserue. On l'assure *en partie*, quand on soûtient que le Souuerain n'a pas droit de faire comme il luy plaira la paix ou la guerre ; Qu'il n'a pas droit de leuer tout ce qu'il voudra de Troupes ; de mettre tous imposts sur ses Sujets ; de créer tous Magistrats, Ministres, & Officiers ; de faire les Loix qu'il voudra ; auec telles peines aux Contreuenans qu'il luy plaira d'établir ; de juger, & decider tous differens & procés ; En vn mot, quand on soûtient que le Souuerain n'a pas droit de faire quelque chose, ou certaines choses, sans quoy il ne peut y auoir d'Etat. Or toutes

DE LA POLITIQVE. 223

telles actions,& tels discours que cela, qui sont tout autant de *crimes de Leze-Majesté*, ne le sont pas en vertu de la loy *Ciuile:* mais de la loy de *Nature.* Mais il peut arriuer d'ailleurs que telle action qui n'eût pas esté vn crime de Leze-Majesté si on l'eût faite *auant* certaine loy Ciuile, le soit si on l'a fait *aprés:* comme s'il plait au Souuerain, & qu'il en fasse vne Loy, Qu'on doiue prendre pour vn signe d'auoir renoncé à l'obeïssance deuë à l'Etat, c'est à dire qu'on doiue prendre pour crime de Leze-Majesté, de faire *la fausse Monoye, ou contre-faire les Sceaux:* qui le fait aprés la Loy n'est pas moins criminel de Leze-Majesté que qui fait ces autres crimes: seulement son peché n'est pas si grand: car il ne viole pas toutes les Loix à la fois, mais vne seule. Et en effet le Souuerain par sa Loy quand il nomme *crime de Leze-Majesté*, ce qui de soy n'est pas tel, peut bien luy donner ce nom *odieux*, & mesmes établir auec droit les plus grandes peines contre: Mais non pour cela rendre le peché plus grand.

XXI. Or le peché qui par la loy de Nature est vn crime de Leze Majesté, est vne transgression de la loy *de Nature*, & non de la loy *Ciuile.* Car puis que l'obligation à l'obeïssance Ciuile en vertu de quoy les loix Ciuiles sont valides, est plûtôt que la loy Ciuile: Et que faire vn crime de Leze-Majesté est violer cette obligation: il s'ensuit que par le crime de Leze Majesté on viole vne loy qui étoit auant la loy Ciuile: on viole donc la loy de Nature: & c'est à sçauoir *entant qu'elle deffend de violer sa*

CHAPITRE XIV.

Que par le crime de Leze-Majesté on ne viole pas les Loix Ciuiles, mais de Nature.

foy & ses pactes. Si donc vn Souuerain proposoit comme loy Ciuile vne deffance en cette forme *Tu ne te reuolteras point*, à proprement parler il ne feroit qu'expliquer l'obligation precedente. Car toute Loy est inualide si plûtôt les sujets ne sont tenus d'obeïr : Mais étant tenu d'obeïr on l'est à n'estre pas rebelle : Ce seroit donc expliquer ce à quoy ils étoient tenus, & non les y obliger.

Qu'ainsi on ne le punit point par droit de Souuerain mais d'Ennemy.

XXII. Il suit de là que quand on punit les rebelles, les traîtres, & tous autres, comme atteints & conuaincus de crime de Leze-Majesté, ce n'est point par droit *Ciuil*, & d'*authorité* Souueraine : mais par droit de *Nature* & de *Guerre* & non comme *mauuais-sujets*, mais comme *ennemis de l'Etat.*

Qu'on distingue mal l'obeïssance en Actiue & Passiue.

XXIII. Quelques vns tiennent que pour expier ce qu'on aura fait contre vne loy Ciuile, on n'a qu'à subir de son bon gré la peine que porte la loy : & que cette peine payée, on n'est plus coupable deuant Dieu d'auoir violé la loy de Nature : quoy qu'en effet on la viole, en violant les Loix Ciuiles qu'elle commande de garder. Comme si la Loy ne defandoit pas de faire : mais proposoit seulement la peine, qu'à ce prix on achetât la liberté de faire ce qu'elle deffand. Mais on pourroit dire aussi bien qu'aucune Transgression de Loy n'est peché : quand on a de droit la liberté qu'on achéte à ses perils & fortunes. Or il faut sçauoir que les termes de la Loy peuuent étre pris en deux façons : La premiere, que la Loy contiéne les deux parties que i'ay dites dans l'article sétiéme de ce chapitre ; celle qui deffan fand abſolûment comme *Tu ne feras point* ; Et la vindicatiue, *Qui le fera ſera châtié* : La ſeconde, qu'elle ait vn ſens conditionel, comme ſi elle diſoit. *Tu ne le feras point, ſi tu ne veux eſtre puny*, Et en ce cas la Loy ne deffand pas purement & ſimplement, mais ſeulement ſous condition. A le prendre dans la premiere façon, qui le fait peche : puis qu'il fait ce que deffand la Loy. A le prendre autrement, il ne peche pas : puis qu'il n'eſt point deffandu de faire à qui accomplit la condition. Car au premier ſens il eſt deffandu *à tous* de faire ; au ſecond ſeulement *à ceux* qui ſe souſtraient à la peine : Dans le premier ſens la partie vindicatiue de la Loy n'oblige pas le criminel, mais ſeulement *le Magiſtrat*, d'exiger les peines deuës : Dans le ſecond *le Criminel* eſt obligé : lequel neanmoins ne peut y eſtre obligé ſi la peine eſt capitale, ou autrement graue. Or il depend du Souuerain qu'on ſçache auquel des deux ſens prendre ſa Loy. Quand donc on peut douter du ſens de la Loy, puis qu'il eſt certain qu'on ne peche point de ne pas faire ce qu'elle deffand, il y a peché à le faire, de quelque façon qu'on l'explique apres cela : car c'eſt mépriſer les Loix que de faire ce qu'on ne ſçait, ſi c'eſt peché ou non, quand il eſt libre de s'en abſtenir : Et c'eſt pourquoy par l'article vint-huitiéme du chapitre troiſiéme, c'eſt vn peché contre la loy de Nature. En vain donc la diſtinction de l'obeiſſançe en *Actiue* & *Paſſiue* : comme ſi par quelque peine que ce fût d'inſtitution humaine, on pouuoit ex-

F f

pier vn peché contre la Loy de Nature, qui eſt la Loy de Dieu: ou que ce ne fût pas pecher, que de pecher à ſon dam.

Fin de la ſeconde Partie des deux premieres Parties.

Fautes suruenuës dans l'Impression.

PAge 16. ligne derniere transporte à autruy, *lisez*, transporte en autruy. p. 18. l. 14. d'auoir, *lisez* de l'auoir. p. 23. l. 3. & 4. on doit le remettre, *lisez* on doit, le remettre. p. 27. à la marge prendra serment, *lisez* prend à serment. p. 42. lig. 9. de l'égalité. *lisez* l'égalité. lig. 24. qui ordone aussi, *lisez* qui ordone la fin ordone aussi. p. 45. l. 23. ne cherche, *l.* recherche, lig. 27. au seiziéme, *l.* en seiziéme. lig. derniere preuenir, *l.* reuenir. p. 48. l. 17. qu'il est bien, *l* qui est bien. p. 52. tous éclatans, *l.* tout éclatans. p. 82. l. 5. assembler, vnir, *l.* d'assambler & d'vnir. p. 89. l. 9. actions Ciuiles mais sulement, *l.* des actions Ciuiles mais seulement. à la marge que c'est, *l.* ce que c'est. p. 90. lig. 21. Qu'est-ce que larcin, homicide, adultere, *l.* Ce que c'est que le larcin, l'homicide, l'adultere. p. 92. l. 18. simplement, *l.* ou simplement. p. 94. lig. 30 de pouuoir, *l.* du pouuoir. p. 97. l. 11. differend, *l.* different. p. 98. l. 3. permettent, *l.* promettent, l. 10. & quels, *l.* & de quels. p. 102. l. 21. gens s'assamblent, *l.* gens qui s'assamblent. p. 111. l. 27. effacez ces mots, le tems que. p. 112. l. 30. effaçés ces mots (qu'il a) p. 113. l. 28. car qui, *l.* car qu'il. l. 31. luy mesme, *l.* soy mesme. p. 119. l. 6. effacés Et. p 147. l 15. coment que ce soit, corrigés de quelque façon que ce soit. p. 156 l. 25. la democratie, *l.* le domaine. p. 169. l. 1. du juste & de l'injuste, de ce qui est honéte & de ce qui ne l'est pas : corrigés; de ce qui est juste ou injuste & honéte ou des-honéte. p. 176. l 28. matiere de Politiques, *l.* matiere Politique. p. 190. l. 17. Nature, *l.* Naturelle, p. 194. l. 23. qui l'achete, *l.* qu'il achete. p. 196. l. 17. si l'on voit, *l* si l'on voyoit. p. 215 l. 8. & Aristocraties, *l.* & les Aristocraties, l. 25. car le, *l.* car que le, p. 220. l. 22. mechante, *l.* mechanceté.

Le reste sont petites fautes comme d'ortographe & autres aisées à corriger telles que cecy.

Page 5. l. 3. & de si voir, ou des'y voir p. 6. attandu atandu, p. 7. mespri mépris. p. 10. entent, entand. paroles & action, paroles & actions. ce nomme, ce nome. p. 14. chastier, *l.* châtier. p. 15. aux foux, *l.* aus foux, chose ; choses p. 16. que nous la definitions, que nous la définissions. p. 17. fond, *l.* fonds. p. 18. telle, *l.* telles. p. 30. parties, partie. p. 39. conditions, l. condition p. 40. droit, *l.* droits. page 79. s'abstiene, s'abstient. page 91. simples particuliers, *l.* simple particuliers. p. 130 leurs, *l.* leur, male, males. p. 168 tels gens, *l.* telles gens. p. 173. Titus, *l.* Titius. p. 174. pourçe, *l.* pour ce, & ainsi des autres semblables.

PRIVILEGE DV ROY.

LOVIS par la grace de Dieu, Roy de France & de Nauarre. A nos amez & feaux Conseillers les gens tenans nos Cours de Parlemens, Maistres des Requestes ordinaires de nostre Hostel, Baillifs, Seneschaux, Preuosts, leurs Lieutenans, & à tous autres nos Iusticiers & Officiers qu'il appartiendra, Salut. Nostre amé & feal Seigneur du Verdus, le sieur François Bonneau nous a fait representer que pour rendre quelque seruice au public, il auroit traduit & expliqué le Liure *de la Sagesse des Anciens*, escrit en Latin par M.re François Bacon grand Chancelier d'Angleterre. Et qu'auec la mesme intention il a aussi traduit & expliqué les Escrits de diuers Philosophes, tant Anciens que Modernes, qui peuuent beaucoup seruir à l'intelligence de ce Liure de la Sagesse, lequel il desireroit de faire imprimer auec les explications qu'il y a adjoustées, & auec les traductions qu'il a faites des choses de Philosophie, ce qui l'oblige à Nous supplier tres-humblement de luy accorder nos Lettres necessaires. A CES CAVSES & desirant reconnoistre tant les seruices que le pere, les oncles, & les ayeuls paternels & maternels dudit sieur de Bonneau ont rendus au feu Roy nostre tres-honoré Seigneur & Pere, & aux autres Rois nos Predecesseurs, dans les Conseils, & dans nostre Parlement de Bordeaux où ils estoient Conseillers, que ceux que ses plus proches parens en grand nombre nous rendent actuellement dans nos Parlemens, dans nos autres Cours Souueraines, & dans nos armées où ils ont des premiers emplois : Voulant encore gratifier ledit sieur Bonneau, en consideration du soin qu'il a pris de demonstrer dans ses explications, combien il importe à nos Sujets de viure en paix entr'eux selon nos Loix, Nous luy auons permis & permettons par ces presentes de faire imprimer, vendre & debiter en tous les lieux de nostre obeïssance ladite Traduction du Liure de la Sagesse des Anciens, & les explications qu'il y a adjoustées, & les autres Traductions qu'il a faites de chose de Philosophie, & en telle marge ou caracteres, en autant de Volumes, & autant de fois que bon luy semblera, pendant l'espace de quinze ans, à compter du iour que chaque Traité ou Volume sera acheué d'imprimer pour la premiere fois; Et faisons tres-expresses defenses à toutes personnes de quelque qualité & condition qu'elles soient d'en rien imprimer, vendre ny distribuër en aucun lieu de nostre obeïssance, sous pretexte d'augmentation, correction, changement de titre, fausses marques ou autrement, en quelque sorte & maniere que ce soit sans le consentement dudit sieur de Bonneau ou de ceux qui auront droit de luy, soit Estrangers ou de ce Royaume, à peine de confiscation des Exemplaires côtrefaits, & des caracteres, presses & instrumés qui auront seruy ausdites impressions contrefaites, de tous dépens, dommages & interests, & de trois mil liures d'amande, applicable vn tiers à Nous, vn tiers à l'Hostel-Dieu de Paris, & l'autre tiers au Libraire ou Imprimeur que ledit sieur de Bonneau aura choisi pour faire ladite impression, à condition qu'il sera mis deux Exemplaires de chaque piece en nostre Bibliotecque publique, & vn en celle de nostre tres-cher & feal le sieur Molé Garde des Sceaux de France, auant que les exposer en vente, comme aussi de faire registrer ces presentes és Registres du Scindic de la Communauté des Marchands Libraires de nostre ville de Paris, suiuant l'Arrest de nostre Cour de Parlement de Paris du huitiéme iour d'Auril dernier à peine de nullité des presentes, du contenu desquelles Nous voulons & vous mandons que vous fassiez iouïr pleinement ledit sieur de Bonneau, & ceux qui auront droit de luy sans souffrir qu'il leur soit donné aucun empeschement. VOVLONS aussi qu'en mettant au commencement ou à la fin de chaque Traité ou Volume vn Extrait des presentes, elles soient tenuës pour deuëment signifiées, & que foy y soit adjoustée, & aux coppies d'icelles collationnées par vn de nos amez & feaux Conseillers & Secretaires comme à l'original. MANDONS au premier nostre Huissier ou Sergent sur ce requis de faire pour l'execution desdites presentes tous exploits requis & necessaires, sans demander autre permission. CAR tel est nostre plaisir, nonobstant oppositions ou appellations quelconques & sans prejudice d'icelles, Clameur de Haro Chartre Normande, & autres Lettres à ce contraires. DONNÉ à Paris le 19 iour de Septembre l'an de grace 1653. Et de nostre regne le vnziesme. Signé, Par le Roy en son Conseil, DENYS & scellé du Grand Sceau de cire jeaune.

   Collationné à l'original par moy Conseiller Secretaire
    du Roy & de ses Finances.

Registré sur le Liure de la Communauté le treziéme iour de Nouembre 1653. suiuant & conformement à l'Arrest du Parlement en datte du 8. Auril audit an., à condition que le present priuilege sera cedé & transporté à vn Marchand Libraire ou Maistre Imprimeur. Ainsi Signé, BALARD, Sindic.

  Collationné par moy Conseiller du Roy Audiancier de la
  Chancellerie de Bordeaux, Secretaire de sa Majesté,
     P. LEAV.

Acheué d'imprimé le trentiesme Auril 1660.

Les Exemplaires ont esté fournis.

www.ingramcontent.com/pod-product-compliance
Lightning Source LLC
Chambersburg PA
CBHW070522170426
43200CB00011B/2288